張子正蒙注

〔宋〕張載　撰
〔清〕王夫之　注

齊魯書社
·濟南·

圖書在版編目（CIP）數據

張子正蒙注 / (宋) 張載撰 ; (清) 王夫之注.
濟南 : 齊魯書社, 2024. 9. -- (《儒典》精粹).
ISBN 978-7-5333-4934-9

Ⅰ. B244.45

中國國家版本館CIP數據核字第20247SB210號

責任編輯　張　超　劉　晨
裝幀設計　亓旭欣

張子正蒙注

ZHANGZI ZHENGMENG ZHU

〔宋〕張載　撰　〔清〕王夫之　注

主管單位	山東出版傳媒股份有限公司
出版發行	齊魯書社
社　　址	濟南市市中區舜耕路517號
郵　　編	250003
網　　址	www.qlss.com.cn
電子郵箱	qilupress@126.com
營銷中心	（0531）82098521　82098519　82098517
印　　刷	山東臨沂新華印刷物流集團有限責任公司
開　　本	880mm × 1230mm　1/32
印　　張	24.5
插　　頁	2
版　　次	2024年9月第1版
印　　次	2024年9月第1次印刷
標準書號	ISBN 978-7-5333-4934-9
定　　價	168.00圓

《〈儒典〉精粹》出版説明

《儒典》是對儒家經典的一次精選和萃編，集合了儒學著作的優良版本，展示了儒學發展的歷史脉絡。其中，《義理典》《志傳典》共收録六十九種元典，由齊魯書社出版。鑒於《儒典》采用套書和綫裝的形式，部頭大，價格高，不便於購買和日常使用，我們决定以《〈儒典〉精粹》爲叢書名，推出系列精裝單行本。

叢書約請古典文獻學領域的專家學者精選書目，并爲每種書撰寫解題，介紹作者生平、内容、版本流傳等情况，文簡義豐。叢書共三十三種，主要包括儒學研究的代表性專著和儒學人物的師承傳記兩大類。版本珍稀，不乏宋元善本。對於版心偏大者，適度縮小。爲便於檢索，另編排目録。不足之處，敬請讀者朋友批評指正。

齊魯書社

二〇二四年八月

《〈儒典〉精粹》書目（三十三種三十四册）

孔氏家語	荀子集解	孔叢子
春秋繁露	春秋繁露義證	鹽鐵論
新序	揚子法言	白虎通德論
潛夫論	中説	太極圖説　通書
龜山先生語録	張子語録	傳習録
張子正蒙注	先聖大訓	近思録
四存編	孔氏家儀	帝範
帝學	温公家範	文公家禮
聖門禮樂誌	東家雜記	孔氏祖庭廣記
伊洛淵源録	伊洛淵源續録	國朝漢學師承記
國朝宋學淵源記	孔子編年	孟子年表

解題

張子正蒙注二卷，宋張載撰，清王夫之注，清康熙四十六年湘西草堂刻本

王夫之字而農，號薑齋，湖南衡陽人。因晚年隱居於衡陽金蘭之石船山，學者稱船山先生。王敔《大行府君行述》云：『船山府君，諱夫之，字而農，別號薑齋，中歲稱一瓠道人，更名壺，晚歲仍用舊名。居於湘西蒸左之石船山，自爲之記。蒸湘人士莫傳其學，間有就而問字者，稱爲船山先生。』其論學，以漢儒爲門户，宋五子爲堂奥。與顧炎武、黄宗羲齊名，爲清初三大儒之一。著有《船山全集》三百二十四卷。事見阮元《國史儒林傳》卷上。

是書爲王夫之爲北宋理學家張載《正蒙》一書所作注解，精研易理，不但充分闡明作者的思想，更進一步發展了張載的哲學思想，且對原著某些觀點表示不同見解，於字句錯誤也作有校正。該本封面正中鎸『張子正蒙』大粗筆大字，右題『船山先生注』，左題『湘西草堂藏板』。卷首有康熙四十四年（一七〇五）提督湖廣學政潘宗洛撰《船山先生傳》、李周望《叙》、王夫之《序論》，後有劉直清《張子正蒙注後序》、《宋史張子本傳》、熊成章及王天履跋。

王跋云：『今康熙丁亥，蕉畦師修葺艸堂，諸負笈者多集。履與劉子躍如、熊子必達，質師而授講焉。自愧譾陋，僅粗通大旨，未能窺先生所學之萬一，因各備剞劂之費，較訂而梓行之。』又據《江王氏五修族譜》所録蒙之鴻《蕉畦先生傳略》：『其後修葺草堂，奉遺書付剞劂，梓以行世者，《正蒙》諸書十餘種，雖於船山太先生之著述僅刊十一，可與善讀者，窺正學一班。』知該書爲清康熙間王夫之門人子侄於其舊居衡陽西鄉石船山湘西草堂所刻王氏諸書之一。該本世稱湘西草堂本。其後，又有清道光二十八年衡陽學署補刻《船山遺書》子集本，清同治四年曾國藩於金陵刻《船山遺書》本，清光緒十三年湖南衡陽船山書院《船山遺書》增補刻本等，皆晚於該本。

據《張子正蒙目録》，全書分上下卷，元亨利貞四部。上卷二部八篇，元部爲太和篇、參兩篇、天道篇、神化篇、動物篇，亨部爲誠明篇、大心篇、中正篇。下卷二部十篇，利部爲至當篇、作者篇、三十篇、有德篇、有司篇，貞部爲大易篇、樂器篇、王禘篇、乾稱篇、乾稱篇下。其卷端題『張子正蒙，南嶽王夫之註，男敔較，私淑門人劉高美、王天履、熊成章仝訂』。其右下鈐有『湖南省圖書館珍藏』方印，知其藏於湖南省圖書館。

張彧

目録

下卷

船山先生注

張子正蒙

湘西草堂藏板

船山先生傳

船山先生姓王氏諱夫之字而農別號薑齋故明之遺臣我朝之逸民也明既亡先生隱於湘西蒸左之石船山學者稱船山先生云其先世本楊州之高郵人明永樂初官衡州衛遂爲衡州之衡陽人世以軍功顯及武夷公始以文學知名中天啓辛酉副榜先生即武夷公之季子也先生頴悟過人讀書十行俱下一字不

遺年二十四與兄介之同應崇禎壬午科湖廣鄉試俱獲雋焉以道梗不赴會試越明年癸未流賊張獻忠陷衡州紳士降者以僞官官之不降者縛而投諸湘水先生走匿南嶽雙髻峯下賊執質其父以招之先生自刺肢體創甚舁往易父賊見其創也亦免之父子俱得脫復走匿雙髻峯下甲申闖賊破北京明懷宗殉社稷先生聞之涕泣不食者數日作悲憤詩乙酉我師下南京當是時我

朝既得兩京、天下大勢、雲集響應、而故明之藩封庶孽、奔竄於湖湘滇黔粤閩間者、往往始稱監國、繼假位號、以恢復爲名、先生少遭喪亂、未見柄用、及明之亡也、顧念累朝養士之恩、痛憫宗社覆亡之禍、誠知時勢已去、獨慨然出而圖之、奮不顧身、其志可悲也、明藩稱隆武年號者、使其督師何騰蛟屯湖南、制相堵胤錫屯湖北、楚省兵燹、塞野、加以大旱、赤地千里、而逆闖李自成、既斃於九宮山、餘黨降者、號爲忠貞營蹂躪潛漢有岌業之勢堵何兩公措置無術而又不相能先生憂其將敗亟走湘陰上書於司馬章曠指畫兵食請調和南北以防潰變章司馬報曰本無異同不必過慮先生默而退卒之賊勢猖獗司馬以憂憤卒堵何兩公遘閔凶而勢不可爲矣丁亥我師下湖南先生時丁父艱營葬畢西走桂林大學士瞿式耜特疏薦先生先生請終制既服闋歎曰此非嚴光高蹈時也即起就行人司行人是時粵中國命所

係則瞿式耜與其少傅嚴起恒而姦邪巨魁則內閣王化澄悍帥陳邦傅內豎夏國祥也桂藩駐肇慶紀綱大壞給諫金堡丁時魁劉湘客袁彭年蒙正發志在振刷王化澄等害之目爲五虎交煽中宮逮獄將寘之死先生約中舍管嗣裘與俱告嚴起恒曰諸君棄墳墓捐妻子從王於刀劍之中而黨人殺之則志士解體雖欲效趙氏之亡明白慷慨誰與共之者起恒感其言爲力請于廷化澄之黨參起恒先生亦三

上疏糾化澄結奸誤國化澄恚甚必欲殺之其黨競致力焉會有降帥高必正者救之得不死亦不往謝也返桂林復依瞿式耜聞母病間道歸衡至則母已没其後瞿式耜殉節於桂林嚴起恒受害於南寧先生知勢愈不可爲遂决計林泉矣初桂藩議封孫可望爲秦王嚴起恒力阻之可望戕起恒專執威柄越數年可望分李定國入粤遂入衡招先生先生不往作章靈賦壬寅聞緬甸之變明之藩封庶孽稱監國

假位號者於是乎殄盡先生遂浪遊於浯溪郴州耒陽晉寧漣邵之間凡所至朞月人士慕從者衆輒辭去最後歸於衡遊石船山以其地瘠而僻遂自嶽陰遷焉築土室名曰觀生居晨夕著書蕭然自得作四書讀大全說周易內傳外傳大象解詩廣傳尚書引義春秋世論家說左氏傳續博議禮記章句幷諸經稗疏各若干卷又作讀通鑑論三十卷宋論十五卷以上下古今興亡得失之故制作輕重倚伏之原又

謂張子之學切實高明作正蒙釋義一卷與前所作思問錄内外編互相發明以闡天人性命之旨别理學眞僞之微又以文章莫妙於南華詞賦莫高於屈宋故於莊騷尤流連往復作莊子解莊子通楚詞通釋又著搔首問俟解噩夢各種及自定詩集評選古今詩夕堂永日緒論註釋老子呂覽淮南各若干卷自明統絕祀先生著書凡四十年而終先生之未没也盛名爲湖南之冠戊午春吳逆僭號於衡僞僚有

以勸進表屬先生者先生曰某本亡國遺臣
閉華以來久適于世今汝亦安用此不祥之人爲遂
逃之淩山作祓禊賦吳逆既平我大中丞鄭公端聞
而嘉之屬郡守崔某餽粟帛請見先生以病辭受其
粟返其帛未幾卒於石船山葬於大樂山高節里自
題其墓曰明遺臣王夫之之墓自銘曰抱劉越石之
孤忠而命無從致希張横渠之正學而力不能企幸
全歸於兹丘固銜恤以永世嗚呼先生之志可悲也

先生子二人，曰攽，曰敔。敔字虎止，遊於吾門，蓋能紹先生之家學者。余不及見先生，慕先生之高節，欲盡讀其書。敔曰：先人家貧，筆扎多取給於故友及門人，書成因以授之，藏於家者無幾焉。余所得見於敔者，思問錄、正蒙注、莊子衍、楚辭通釋而已。

贊曰：明之支藩，播遷海澨，先生非不知其無能爲也，猶間關䟦涉，發讜論，攻憸邪，終擯不用，隱而著書，其志有足悲者。以先生之才際我

朝之興改而圖仕何患不達而乃終老於船山此所謂
前明之遺臣者乎及三桂之亂不屑勸進抑又可謂
我
朝之貞士也哉鄭中丞聞之而加禮焉有以也
康熙乙酉八月既望提督湖廣學政翰林院檢討宜
興潘宗洛撰

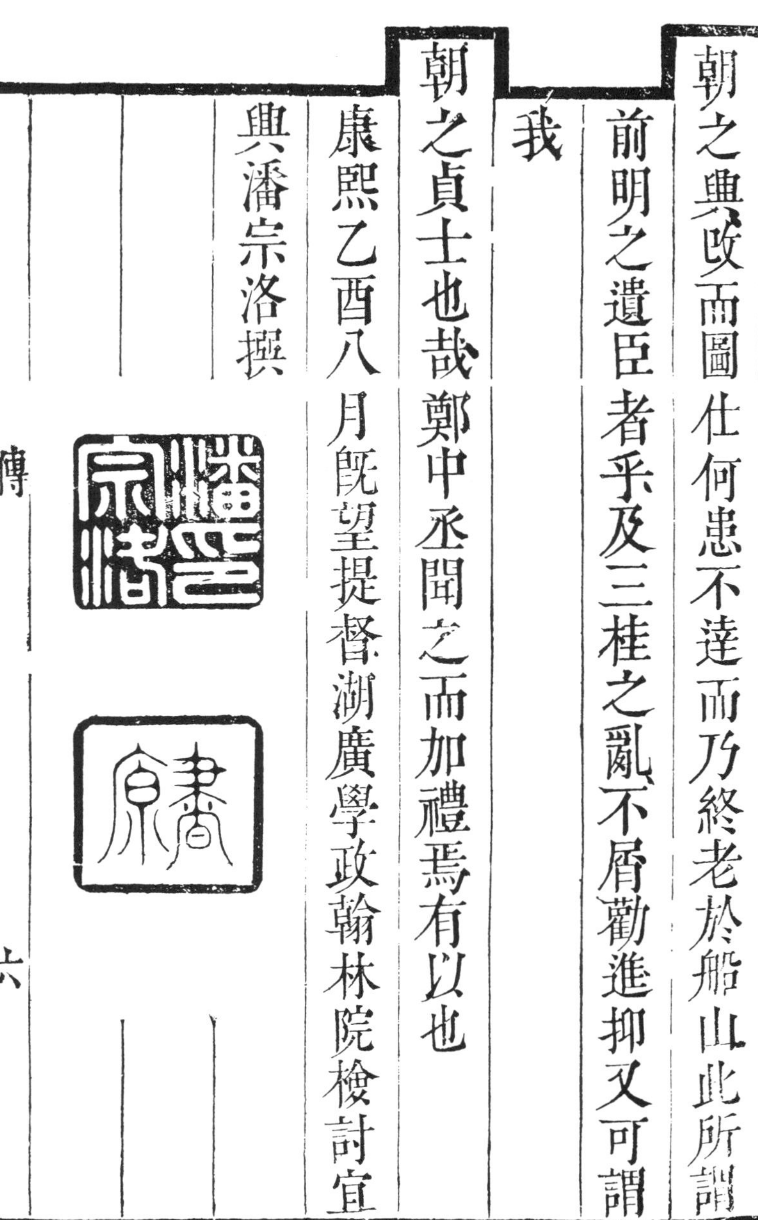

叙

昔宗濂溪周子。以大智覺民。畫圖屬書。洵爲天亶矣。河南兩程子。倡明絶學。一良玉精金。一規言矩行。蓋得聖人之仁者也。至横渠張子。苦心力索。發爲論説。

窮天地之賾。達性命之原。攘斥佛老。闡明經書。其生平所得。悉見於正蒙一書。非所謂殫弗措之勇。求底於成功之一者耶。顧其言高而旨遠。辭約而意微。數百年來。求窺其堂奧。破其藩籬者鮮矣。余視學至衡，得　船山先生誌，而嘆其於橫渠之學，異世而同源也。　先生少負雋材，志行卓犖，於學無所不窺，高户著書。垂四十年，稽所作，如讀四書大全說、周易內外傳、大象解

以及葩麟戴記。各有傳說論義
并上下二十一代。暨莊、騷、道德
呂覽、淮南等書。各爲千解。是
先生之學。固合馬、鄭、伏、劉、何、杜、
匡、轅、涑水、紫陽、王弼、向秀、王逸
諸子之學。萃於一身。其才高而

學贍、為何如也而原本淵源尤
於正蒙一書神會心契獨詣積
久詮釋以成編於清虛一大之
旨陰陽法象之狀往來原反之
故靡不有以顯微抉幽晰其興
竅則是蔓莖闢極發蒙養正者

張子也扶輪推轂指津布筏都船山也橫渠之書微船山而旨隱船山之學微橫渠之書而不彰兩人曠代相感一作一述非如馬遷所云顏淵之於夫子附驥而名益彰者耶雖然船山固

逃名者也。既著書不出。固不等於許魯齋薛河東輩列理學名臣位。又未膺徵名。同於吳康齋陳白沙。諸先輩。望顯一曉宜其書雖存。未布於世。俾學者曉然識其書爲橫渠之功臣。其人爲游楊眞魏之流亞也吾聞朱子云橫渠於二程猶伯夷伊尹之於孔子今 先生不汲汲於干祿取榮得勿慕西山之峻節景華野之流風耶彼不降不辱任重道遠如 先生者可謂勇於

為善。能自得師矣。即以此書為覺世求仁之階。無不可也。余之庚衡也。攬湘嶽之勝。意必有魁梧奇偉之士。如昌黎公所云者。否則搜採遺書。又豈乏藏之名山石室中者而　先生之孤敬字虎止。種學績文，能丗其先業。為余首拔士。出其書求序於余。余因是以題其端云。

旹

康熙歲次丁酉、端月、督學使者

蔚州李周望渭湄氏書於鄂

渚署史

序論

謂之正蒙者養蒙以聖功之正也聖功久矣大矣而正之惟其始蒙者知之始也孟子曰始條理者智之事其始不正未有能成章而達者也或疑之曰古之大學造之以詩書禮樂迪之以三德六行皆日用易知簡能之理而正蒙推極夫窮神知化達天德之蘊則疑與大學異子夏曰有始有卒其惟聖人乎今以是養蒙恐未能猝喻而益其疑則請釋之曰大學之教先王所以廣教天下而納之軌物使賢者即以之

上達、而中人以之寡過、先王不能望天下以皆聖、故堯舜之僅有禹皋陶、湯之僅有伊尹萊朱、文王之僅有太公望、散宜生、其他則德其成人、造其小子、不強之以聖功、而俟其自得、非有吝也、正蒙者以奬大心者、而使之希聖、所繇不得不異也、抑古之爲士者、秀而未離乎其樸、下之無記誦詞章以取爵祿之科、次之無權謀功利、苟且以就功名之術、其尤正者、無狂思陋測、蕩天理、蔑彝倫、而自矜獨悟、如老聃浮屠之邪說、以誘聰明果毅之士、而生其逸獲神聖之心、則但習於人倫物理之當然而性命之正自不言而喻至于東周而邪慝作矣故夫子贊易而闡形而上之道以顯諸仁而藏諸用而孟子推生物一本之理以極惻隱羞惡辭讓是非之所繇生大學之道明德以修己新民以治人人道備矣而必申之曰止於至善不知止至善則不定不靜不安而慮非所慮未有能得者也故夫子曰吾十有五而志於學所志者知命耳順不踰之矩也知其然者志不及之則雖聖人未有得之於志外者也故孟子曰大匠不爲拙工改廢

繩墨羿不爲拙射變其彀率宜若登天而不可使逞獲於企及也特在孟子之世楊墨雖盈天下而儒者猶不屑曲吾道以證其邪故可引而不發以需其自得而自漢魏以降儒者無所不淫苟不抉其躍如之藏則志之擬擬者差之黍米而已背之霄壤矣此正蒙之所繇不得不異也宋自周子出而始發明聖道之所繇一出於太極陰陽人道生化之終始二程子引而伸之而實之以靜一誠敬之功肰游謝之徒且岐出以趨於浮屠之蹊徑故朱子以格物窮理爲始

教而檠括學者於顯道之中乃其一再傳而後流爲雙峯勿軒諸儒逐跡躡影沈溺於訓詁故白沙起而厭棄之肰而遂啟姚江王氏陽儒陰釋誣聖之邪說其究也爲刑戮之民爲閹賊之黨皆爭附焉而以充其無善無惡圓融理事之狂妄流害以相激而相成則中道不立矯枉過正有以啟之也人之生也君子而極乎聖小人而極乎禽獸肰而吉凶窮達之數於此於彼未有定焉不知所以生不知所以死則爲善爲惡皆非性分之所固有職分之所當爲下焉者何

并蕩棄彝倫以遂其苟且私利之欲其稍有恥之心而猒焉者則見爲寄生兩間去來無準惡爲贅疣善亦弁髦生無所從而名義皆屬漚瀑兩滅無餘以求異於遂而不返之頑鄙乃其究也不可以終日則又必佚出猖狂爲無縛無礙之邪說終歸於無忌憚自非究吾之所始與其所終神之所化鬼之所歸效天地之正而不容不懼以終始惡能釋其惑而使信於學故正蒙特揭陰陽之固有屈伸之必然以立中道而至當百順之大經皆率此以成故曰率性之謂道

天之外無道氣之外無神神之外無化死不足憂而生不可罔一瞬一息一宵一晝一言一動赫肰在出王游衍之中善吾伸者以善吾屈肰後知聖人之存神盡性反經精義皆性所必有之良能而爲職分之所當修非可以見聞所及而限爲有不見不聞而疑其無偷用其蕞肰之聰明或窮大而失居或畀近而自蔽之可以希覬聖功也嗚呼張子之學上承孔孟之志下救來茲之失如皎日麗天無幽不燭聖人復起未有能易焉者也學之興於宋也周子得二程子

而道著程子之道廣而一時之英才輻輳於其門張子教學於關中其門人未有殆庶者而當時鉅公者儒如富文司馬諸公張子皆以素位隱居而末繇相爲羽翼是以其道之行曾不得與邵康節之數學相與頡頏而世之信從者寡故道之誠然者不著貞邪相競而互爲畸勝是以不百年而陸子靜之異說興又二百年而王伯安之邪說熺其以朱子格物道問學之教爭貞勝者猶水之勝火一盈一虛而莫適有定使張子之學曉然大明以正童蒙之志於始則浮

昬生死之往惑不折而自摧陸子靜王伯安之蕞肰者亦惡能傲君子以所獨知而爲浮屠作率獸食人之倀乎周易者天道之顯也性之藏也聖功之牖也陰陽動靜幽明屈伸誠有之而神行焉禮樂之精微存焉鬼神之化裁出焉仁義之大用興焉治亂吉凶生死之數準焉故夫子曰彌綸天下之道以崇德而廣業者也張子之學無非易也即無非詩之志書之事禮之節樂之和春秋之大法也論孟之要歸也自朱子慮學者之騖遠而忘邇測微而遺顯其教門人

也以易爲占筮之書而不使之學蓋亦矯枉之過幾令伏羲文王周公孔子繼天立極扶正人心之大法下同京房管輅郭璞賈耽壬遁奇禽之小技而張子言無非易立天立地立人反經研幾精義存神以綱維三才貞生而安死則往聖之傳非張子其孰與歸嗚呼孟子之功不在禹下張子之功又豈非疏洚水之歧流引萬派而歸墟使斯人去昏墊而履平康之坦道哉是匠者之繩墨也射者之彀率也雖力之未逮養之未熟見爲登天之難不可企及而志於是則

可全焉不志於是未有能至者也養蒙以是爲聖功之所自定而邪說之淫蠱不足以亂之矣故曰正蒙也衡陽王夫之論

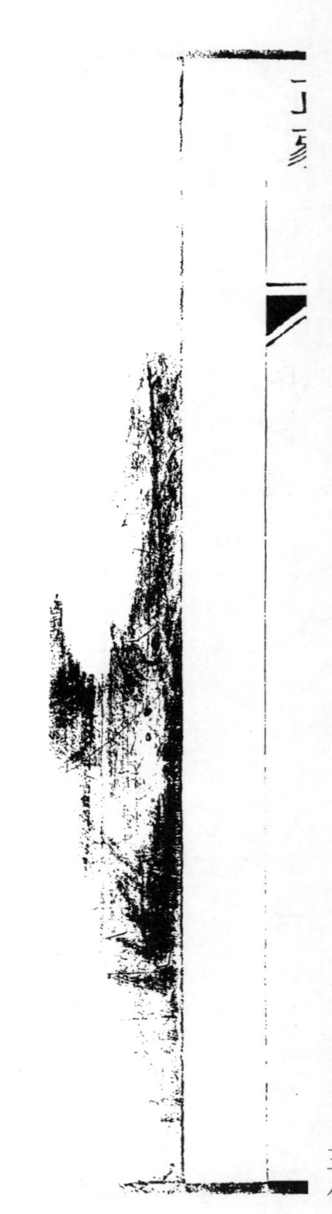

張子正蒙注後序

直少侍先府君頻過薑齋王先生，先生時居敗葉廬中，竹壁艸苫，僅蔽風雨，著書其中不輟。直輩時習科舉業，聞先生與先君談闗閩之與，心甚好之，然言簡而旨深，未敢躐等以求聞也。先生沒後十有五年，兒子高美從嗣君虎止三兄授經書于艸堂，予過之，見三兄案頭有先生所衍老莊本，亟命兒子抄回，老眼燈下誦之，鷄鳴不能釋手。因與高美汝可約同人共刊此編，以廣流傳。虎止謂高美曰：是本

與楚詞通釋乃先子暇日曠寄所懷達古人之旨者
余若但行此編于世海內識者將謂先子之學浸入
二氏而且僅以詞章顯也先子自
門華後入山著書潛心四先生之學而於橫渠尤所服
膺謂橫渠之學以禮爲堂以易爲室先子旣傳周易
復章句戴記而于正蒙一書兩次手錄編章櫛句而
詳註之今欲廣其傳與勿隕墜亟以此書先之可也
高美返命并授正蒙注上下二卷直披讀竟喜謂高
美曰汝旣爲船　山私淑之學人較訂之事汝任之矣

凡五閱月剞劂功成分上下卷爲四部計十二萬二千餘言嗟乎世無眞學者久矣不究察于天人之故身心之原則生爲虛寄存爲幸免沒爲與艸木同腐

先生亡而有不亡者在人心目之表全忠臣孝子之身兼文苑儒林之富而自銘其墓曰希張横渠之正學而力不能企夫横渠之學何學也反經精義之學也存神達化之學也　先生匪維言之志允蹈之與所著思問錄內外篇皆醇乎其醇者昭然揭日月而行堪與嶽湘不朽眞卓卓也其顯闢陸王自序已

詳言之而以鄙見程量其間　先生雖遯迹無知者從遊益寡而視眞西山魏了翁以降姚許歐吳諸名儒拾雜聞之糟粕以稱理學其立品存心淺深本末相距何如也海內通識之士自有辨之者尚其不河漢余言

同邑後學劉直清謹序

宋史張子本傳

張載字子厚長安人少喜談兵至欲結客取洮西之地年二十一以書謁范仲淹一見知其遠器乃警之曰儒者自有名教可樂何事於兵因勸讀中庸載讀其書猶以爲未足又訪諸釋老累年究極其說知無所得反而求之六經嘗坐虎皮講易京師聽從者甚衆一夕二程至與論易次日語人曰比見二程深明易道吾所弗及汝輩可師之撤坐輟講與二程語道學之要渙然自信曰吾道自足何事旁求於是盡棄

異學淳如也舉進士爲祁州司法參軍雲巖令政事以敦本善俗爲先每月吉日具酒食召鄉人高年會縣庭親爲勸酬使人知養老事長之義因問民疾苦及告所以訓戒子弟之意熙寧初御史中丞呂公著言其有古學神宗方一新百度思得才哲士謀之召見問治道對曰爲政不法三代者終苟道也帝悅以爲崇文院校書他日見王安石安石問以新政載曰公與人爲善則人以善歸公如教玉人琢玉則宜有不受命者矣明州苗振獄起往治之末殺其罪還朝

即移疾屏居南山下終日危坐一室左右簡編俯而讀仰而思有得則識之或中夜起坐取燭以書其志道精思未始須臾息亦未嘗須臾忘也敝衣蔬食與諸生講學告以知禮成性變化氣質之道學必如聖人而後已以爲知人而不知天求爲賢人而不求爲聖人此秦漢以來學者大蔽也故其學尊禮貴德樂天安命以易爲宗以中庸爲體以孔孟爲法黜怪說辨鬼神其家昏喪葬祭率用先王之意而傳以今禮又論定井田宅里發斂學校之法皆欲條理成書使

可舉而措諸事業呂大防薦之曰載之始終善發明聖人之遺旨其論政治畧可復古宜還其舊職以備諮訪乃詔知太常禮院與有司議禮不合復以疾歸中道疾甚沐浴更衣而寢旦而卒貧無以歛門人共買棺奉其喪還翰林學士許將等言其恬於進取乞加贈卹詔賜館職半賻載學古力行爲關中士人宗師世稱爲橫渠先生著書號正蒙又作西銘銘載乾稱篇首程頤嘗言西銘理一而分殊擴前聖所未發與孟子性善養氣之論同功自孟子後蓋未之見學者至今

尊其書嘉定十三年賜謚曰明公淳祐元年封郿伯
從祀孔子廟庭

跋

横渠張子作正蒙與伊川少有異同朱子特注西銘而正蒙全文未釋今坊刻性理大全西銘正蒙分爲二書西銘卽正蒙中乾稱篇首段也四先生之學柱立不祧而正蒙文倣繫辭學者不易尋究於微言格肰于大義茫然也朱子曰横渠作正蒙時或夜默坐徹曉其勇如此故其書規模廣大欲盡窮萬物之理又曰正蒙精深難窺測要其本原則不出六經語孟且以程門諸公之說求之涵泳其間當自有得肰後

此等文字可循次而及若果於此有味則世間一種無緊要文字皆是妄言綺語自無工夫看得矣朱子之推崇橫渠也如此而未全釋正蒙者情見乎辭世之學者於橫渠之學不能傳并於正蒙之書不能讀譬之遊名山大川者有鄉導之人爲之指示則某峰某壑某涯某澤習聞其勝意始願往若無指示之人則登高必慄臨深必惴如莊生所云望崖而返望洋而歎固其宜也　子船山先生手注易禮及五經廿史俱有疏說論議數千萬言章句止非一日矣

今康熙丙戌冬始負笈從蕉畦師授業時　先生之沒已十有五年師授以正蒙註同王劉諸子旦夕講訓章于所積疑義曠若發蒙師曰予之所演說者文義耳是書也先子終身之所學也橫渠之學精且大者在西銘其示學者以矯輕警惰為要而東銘詳之諸君奉四字為歸日有孜孜則先子之書庶可讀也章同王劉二子較訂授梓因敬以所聞于師說者綴之簡末私淑門人熊成章識

跋

履不敏從蕉畦師授業十餘年竊　子船山先生之著作盈笥　先生高峻絕物所著之書即蕉畦師亦不輕授也暮年屏跡益孤時授二三及門天人之旨時亦縱談已復杜口尤服膺橫渠之學嘗語學者云致廣大乃可盡精微極高明乃可道中庸志於道而恥惡衣惡食者未足與議也此橫渠之學所以鮮傳人也正蒙之書以反經爲本以精義爲要以存神爲天人之合以達化盡胞與之量存神者存其不亡者

也終古此天地終古此日月終古爲山川之流峙終古爲鬼神之變通聖人貞觀以得其大常學者大其心始足以窺其與此其旨未易與流俗人言也　先生奉橫渠之學允蹈而昌言之著爲津筏以覺來茲橫渠本文摹擬大易繫詞深奥古邃初學多不能讀頼　先生暢演而精繹之其類彰其蘊啟其大義旁通而悉合其微言曲喻而自明其解經書有與考亭不合者順其旨而通之其論象數有疏而未密者闕其疑而正之至西銘一篇已經程朱詳釋　先生更

以心得之淺切者著明之詳矣盡矣精矣卓矣至其實驗而淺信之則狂習其傳者之自得之矣歲
今康熙丁亥蕉畦師修葺艸堂諸負笈者多集履與劉子躔如熊子必達質師而授講焉自愧謭陋借粗通大旨未能窺　先生所學之萬一因各備剞劂之費較訂而梓行之幸海內大醇之士遇知音于旦暮焉

私淑門人王天履識

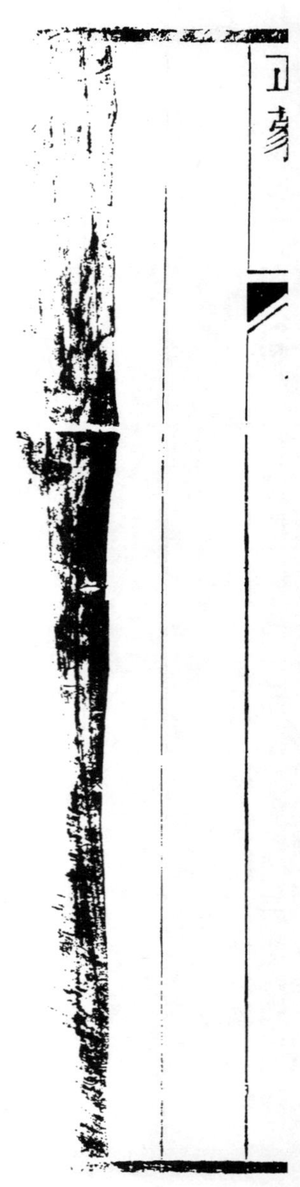

張子正蒙目錄

上卷

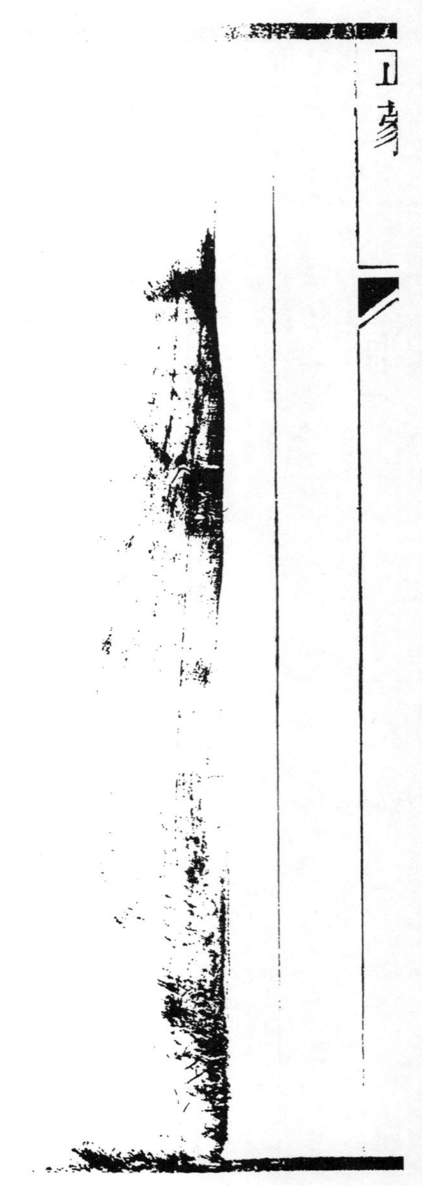

張子正蒙

南嶽　王夫之註　男敔較

劉高[illegible]

私淑門人王天槙仝訂

熊成章

太和篇

此篇首明道之所自出物之所自生性之所自受而作聖之功下學之事必達於此而後不爲異端所惑蓋卽太極圖說之旨而發其所函之蘊也

太和所謂道

太和所謂道、太和和之至也、道者天地人物之通理、即所謂太極也、陰陽異撰、而其絪緼於太虛之中、合同而不相悖害、渾淪無間、和之至矣、未有形器之先、本無不和、既有形器之後、其和不失、故曰太和、

中涵浮沈升降動靜相感之性、是生絪緼相盪勝負屈伸之始

涵如水中涵影之象、中涵者其體、是生者其用也、輕者浮、重者沈、親上者升、親下者降、動而趨行者

動動而起止者靜皆陰陽和合之氣所必有之幾而成乎情之固肰猶人之有性也絪縕太和未分之本肰相盪其必肰之理勢勝負因其分數之多寡乘乎時位一盈一虛也勝則伸負則屈勝負屈伸衰王死生之成象其始則動之幾也此言天地人物消長死生自肰之數皆太和必有之幾

其來也幾微易簡其究也廣大堅固

來謂始動而化之初究謂已成形體也幾微氣之初動易簡者唯陽健陰順而已廣大品物流形堅

固體成而不易毀也乾坤有體則必生用用而還成其體體靜而用動故曰靜極而動動極而靜動靜無端

起知於易者乾乎效法於簡者坤乎

太和本然之體未有知也未有能也易簡而已而其所涵之性有健有順故知於此起法於此效而大用行矣

散殊而可象爲氣清通而不可象爲神

太和之中有氣有神神者非他二氣清通之理也

不可象者卽在象中陰與陽和氣與神和是謂太和人生而物感交氣逐於物役氣而遺神神爲使而迷其健順之性非其生之本然也

不如野馬絪緼不足謂之太和　敔按野馬者天之神絪緼者天之氣

此言體道者不於物感未交喜怒哀樂未倚之中合氣於神合神於性以健順五常之理融會於清通生其變化而有滯有息則不足以肖太和之本體而用亦不足以行矣　敔按清通者心之神變化者心之化

語道者知此謂之知道學易者見此謂之見易

見實證之於心也易曰陰陽相摩八卦相盪鼓之以雷霆潤之以風雨日月運行一寒一暑乾道成男坤道成女此之謂也健順合而太和其幾必動氣以成形神以居理性固具足於神氣之中天地之生人物人之肖德於天地者唯此而已矣

不如此雖周公才美其智不足稱也已

待其已感因事而效能者才也智則灼見道體而知無不起法無不效矣敔按知道見易始謂之知知不足而恃才雖美如周公亦不足稱

○太虛無形氣之本體

於太虛之中具有而未成乎形氣自足也聚散變化而其本體不爲之損益（敔按理具陰陽陰陽具理理氣渾然是爲本體）

其聚其散變化之客形爾

日月之發斂四時之推遷百物之生死與風雨露雷乘時而興乘時而息一也皆客形也有去有來謂之客（發斂謂日月出入之道）

至靜無感性之淵源

於物感未交至靜之中健順之性承於天者固有

不失有本而不窮

有識有知物交之客感爾

識知者五常之性所與天下相通而起用者也知其物乃知其名知其名乃知其義不與物交則心具此理而名不能言事不能成赤子之無知精未徹也愚蒙之無知物不審也自外至曰客

客感客形與無感無形唯盡性者能一之

靜而萬理皆備心無不正動而本體不失意無不誠盡性者也性盡則生死屈伸一貞乎道而不撓

太虛之本體動靜語默一貞乎仁而不貳健順之良能不以客形之來去易其心不以客感之貞淫易其志所謂夭壽不貳修身以俟之不顯亦臨無射亦保也蓋其生也異於禽獸之生則其死也異於禽獸之死全健順太和之理以還造化存順而沒亦寧其靜也異於下愚之靜則其動也異於下愚之動充五常百順之實以宰百爲志繼而事亦述矣無他人之生死動靜有間而太和之絪縕本無間也○此上二章兼動靜生死而言動靜之幾

盡性之事、死生之故、立命之事、而一動一静、一屈一伸、理所必有、而通於一、則一也、

○天地之氣雖聚散攻取百塗、然其爲理也順而不妄

聚則見有、散則疑無、既聚而成形象、則才質性情各依其類、同者取之、異者攻之、故庶物繁興、各成品彙、乃其品彙之成、各有條理、故露雷霜雪、各以其時、動植飛潛、各以其族、必無長夏霜雪、嚴冬露雷、人禽艸木互相淆雜之理、故善氣恒於善、惡氣

恒於惡、治氣恒於治、亂氣恒於亂、屈伸往來順其
故而不妄、不妄者氣之清通、天之誠也
氣之爲物散入無形適得吾體聚爲有象不失吾常
散而歸於太虛、復其絪縕之本體、非消滅也、聚而
爲庶物之生、自絪縕之常性、非幻成也、聚而不失
其常、故有生之後、雖氣稟物欲相窒相梏、而克自
修治、即可復健順之性、散而仍得吾體、故有生之
善惡治亂、至形亡之後、清濁猶依其類、
太虛不能無氣氣不能不聚而爲萬物萬物不能不

散而爲太虛循是出入是皆不得已而然也

氣之聚散、物之死生、出而來、入而往、皆理勢之自然、不能已止者也、不可據之以爲常。不可揮之而使散。不可挽之而使留。是以君子安生安死、于氣之屈伸、無所施其作爲。俟命而已矣。

然則聖人盡道其間兼體而不累者存神其至矣

氣無可容吾作爲、聖人所存者神尒兼體謂存順沒寧也、神清通而不可象、而健順五常之理。以順天地之經。以貫萬事之治。以達萬物之志。皆其所循存者不爲物欲所遷、而學以聚之、問以辨之、寬以居之、仁以守之、使與太和絪縕之本體相合無間、則生以盡人道而無歉、死以返太虛而無累、全而生之、全而歸之、斯聖人之至德矣、

彼語寂滅者往而不返

釋氏以滅盡無餘爲大涅槃、

徇生執有者物而不化

物、滯於物也、魏伯陽張平叔之流、鉗魂守魄、謂可長生、

二者雖有間矣

徇生執有者尤拂經而爲必不可成之事

以言乎失道則均焉

皆不知氣之未嘗有有無而神之通於太和也○

此章乃一篇之太指貞生死以盡人道乃張子之絶學發前聖之蘊以闢佛老而正人心者也朱子以其言旣聚而散散而復聚譏其爲大輪迴而愚以爲朱子之說反近於釋氏滅盡之言而與聖人之言異孔子曰未知生焉知死則生之散而爲死

死之可復聚爲生其理一轍明矣易曰精氣爲物遊魂爲變游魂者魂之散而游於虛也爲變則還以生變化明矣又曰屈伸相感而利生焉伸之感而屈生而死也屈之感而伸非既屈者因感而可復伸乎又曰形而上者謂之道形而下者謂之器形而上即所謂清通而不可象者也器有成毀而不可象者寓於器以起用未嘗成亦不可毀器敝而道未嘗息也以天運物象言之春夏爲生爲來爲伸秋冬爲殺爲往爲屈而秋冬生氣潛藏於地

中枝葉槁而根本固榮則非秋冬之一消滅而更無餘也車薪之火一烈巳盡而爲燄爲煙爲燼木者仍歸木水者仍歸水土者仍歸土特希微而人不見尒一甑之炊溼熱之氣蓬蓬勃勃必有所歸若盦蓋嚴密則鬱而不散汞見火則飛不知何往而究歸於地有形者且然況其絪緼不可象者乎未嘗有辛勤歲月之積一旦悉化爲烏有明矣故曰往來曰屈伸曰聚散曰幽明而不曰生滅生滅者釋氏之陋說也儻如散盡無餘之說則此太極

渾淪之內何處爲其翕受消歸之府乎又云造化日新而不用其故則此太虛之內亦何從得此無盡之儲以終古趨於滅而不匱邪且以人事言之君子修身俟命所以事天全而生之全而歸之所以事親使一死而消散無餘則諺所謂伯夷盜蹠同歸一丘者又何恤而不逞志縱欲不亡以待盡乎惟存神以盡性則與太虛通爲一體生不失其常死可適得其體而妖孽災眚姦回濁亂之氣不留滯於兩間斯堯舜周孔之所以萬年而詩云文

王在上於昭于天爲聖人與天合德之極致聖賢大公至正之道異於異端之邪說者以此則謂張子之言非明睿所炤者愚不敢知也

○聚亦吾體散亦吾體知死之不亡者可與言性矣聚而成形散而歸於太虛氣猶是氣也神者氣之靈不離乎氣而相與爲體則神猶是神也聚而可見散而不可見尒其體豈有不順而妄者乎故堯舜之神桀紂之氣存於絪緼之中至今而不易肰桀紂之所暴者氣也養之可使醇持之可使正澂

之可使清也。其始得於天者健順之良能。未嘗損也。存乎其人而已矣。

○知虛空卽氣、則有無隱顯、神化性命通一無二、顧聚散出入、形不形、能推本所從來、則深於易者也、

虛空者氣之量、氣彌淪無涯而希微不形、則人見虛空而不見氣、凡虛空皆氣也、聚則顯、顯則人謂之有。散則隱、隱則人謂之無。神化者氣之聚散不測之妙、然而有迹可見。性命者氣之健順有常之理、主持神化而寓於神化之中。無迹可見。若其實

則理在氣中氣無非理氣在空中空無非氣通一而無二者也其聚而出爲人物則形散而入於太虛則不形抑必有所從來葢陰陽者氣之二體動靜者氣之二幾體同而用異則相感而動動而成象則靜動靜之幾聚散出入形不形之從來也易之爲道乾坤而已乾六陽以成健坤六陰以成順而陰陽相摩則生六子以生五十六卦皆動之不容已者或聚或散或出或入錯綜變化要以動靜夫陰陽而陰陽一太極之實體唯其富有充滿於

虛空。故變化日新。而六十四卦之吉凶大業生焉。陰陽之消長隱見不可測。而天地人物屈伸往來之故盡於此。知此者盡易之蘊矣。

若謂虛能生氣、則虛無窮、氣有限、體、用殊絶、入老氏有生於無自然之論、不識所謂有無混一之常、

老氏以天地如橐籥、動而生風、是虛能於無生有、變幻無窮、而氣不鼓動則無、是有限矣、然則孰鼓其橐籥令生氣乎、有無混一者、可見謂之有、不可見遂謂之無、其實動靜有時、而陰陽常在、有無無

異也。誤解太極圖者、謂太極本未有陰陽、因動而始生陽、靜而始生陰、不知動靜所生之陰陽。爲寒暑潤燥男女之情質。乃固有之蘊、其絪縕充滿在動靜之先、動靜者、即此陰陽之動靜、動則陰變於陽、靜則陽凝于陰、一震巽坎離艮兌之生於乾坤也。非動而後有陽。靜而後有陰。本無二氣。繇動靜而生。如老氏之說也。

若謂萬象爲太虛中所見賢遍反之物、則物與虛不相資、形自形、性自性、形性天人不相待而有、陷於浮

屠以山河大地爲見病之說

浮屠謂眞空常寂之圓成實性、止一光明藏、而地水火風根塵等、皆繇妄現、知見妄立、執爲實相、若謂太極本無陰陽、乃動靜所顯之影象、則性本清空、禀於太極、形有消長、生於變化、性中增形、形外有性。人不資氣而生。而於氣外求理。則形爲妄而性爲眞。陷於其邪說矣。

此道不明、正蒙憒憒者略知體虛空爲性、差愈於告子食色性也、荀子性惡之論爾、

不知本天道爲用、
天即道爲用以生萬物。誠者天之道也、陰陽有實之謂誠。
反以人見之小、因緣天地、
但見來無所從、去無所歸、遂謂性本眞空、天地皆緣幻立、事物倫理、一從意見橫生、不覩不聞之中、別無理氣。近世王氏之說本此。唯其見之小也。
明有不盡、則誣世界乾坤爲幻化、幽明不能舉其要遂躐等妄意而然。

未能窮理知性而言天人之際是謂躐等
不悟一陰一陽範圍天地通乎晝夜三極大中之矩
陰陽二氣充滿太虛此外更無他物亦無閒隙天
之象地之形皆其所範圍也散入無形而適得氣
之體聚爲有形而不失氣之常通乎死生猶晝夜
也晝夜者豈陰陽之或有或無哉日出而人能見
物則謂之晝日入而人不見物則謂之夜陰陽之
運行則通一無二也在天而天以爲象在地而地
以爲形在人而人以爲性性在氣中屈伸通於一

而裁成變化存焉此不可踰之中道也

遂使儒佛老莊混肰一途語天道性命者不罔於恍惚夢幻則是以有生於無爲窮高極微之論入德之途不知擇術而求多見其蔽於詖而陷於淫矣

陷於佛者如李翺張九成之流而富鄭公趙清獻雖賢而不免若陸子靜及近世王伯安則屈聖人之言以附會之說愈淫矣陷于老者如王弼注易及何晏夏侯湛輩皆其流也若王安石呂惠卿及近世[illegible]李贄之屬則又合佛老以溷聖道尤其

涇而無紀者也

○氣块然太虛

块然猶言瀰然充滿盛動貌徧太虛中皆氣也

升降飛揚、未嘗止息、易所謂絪縕、莊生所謂生物以息相吹野馬者與、

升降飛揚。乃二氣和合之動幾雖陰陽未形而已全具殊質矣、生物以息相吹之說、非也、此乃太虛之流動洋溢、非僅生物之息也、引此者言莊生所疑爲生物之息者此也。

此虛實動靜之機陰陽剛柔之始

虛者太虛之量實者氣之充周也升降飛揚而無間隙則有動者以流行則有靜者以凝止於是而靜者以陰爲性雖陽之靜亦陰也動者以陽爲性雖陰之動亦陽也陰陽分象而剛柔分形剛者陽之質而剛中非無陰柔者陰之質而柔中非無陽就象而言之分陰分陽就形而言之分柔分剛就性而言之分仁分義分言之則辨其異合體之則會其通故張子統言陰陽剛柔以槩之機者飛揚

升降不容已之幾。始者形象之所發生也。

浮而上者陽之清。降而下者陰之濁。

天地之法象。人之血氣表裏耳目手足。以至魚鳥飛潛艸木華實。雖陰陽不相離。而抑各成乎陰陽之體。就其昭明流動者謂之清。就其凝滯堅強者謂之濁。陽之清引陰以偕升。陰之濁挾陽以俱降其神之清通者則貫徹乎其中而未有礙也。其感遇聚散爲風雨雪霜萬品之流形山川之融結糟粕煨燼無非教也。

感者交相感、陰感於陽而形乃成、陽感於陰而象乃著、遇者類相遇、陰與陰遇形乃滋、陽與陽遇象乃明、感遇則聚、聚已必散、皆升降飛揚自然之理。勢風雨雪霜、山川人物、象之顯藏、形之成毀、屢遷而已。結者雖遲久而必歸其原、條理不迷、誠信不爽。理在其中矣。教者、朱子所謂示人以理是也。

○氣聚則離明得施而有形、

離明在天爲日、在人爲目、光之所麗以著其形、有形則人得而見之明也。

不聚、則離明不得施而無形、

無形則人不得而見之、幽也、無形非無形也、人之目力窮於微、遂見爲無也、心量窮於大、耳目之力窮於小、

方其聚也、安得不謂之客、方其散也、安得遽謂之無、聚而明得施、人遂謂之有、散而明不可施、人遂謂之無、不知聚者暫聚、客也、非必爲常存之主、散者返於虛也、非無固有之實、人以見不見而言之、是以滯爾、

故聖人仰觀俯察、但云知幽明之故、不云知有無之故

明則謂有、幽則謂無、衆人之陋尒。聖人不然、盈天地之間者法象而已矣

示人以可見者、此而已矣。

文理之察非離不相覩也

法象中之文理、唯目能察之、所察者止於此。因而窮之、知其動靜之機、陰陽之始、屈伸聚散之通非心思不著、

方其形也有以知幽之因方其不形也有以知明之故

盡心思以窮神知化則方其可見而知其必有所歸往則明之中具幽之理方其不可見而知其必且相感以聚則幽之中具明之理此聖人所以知幽明之故而不言有無也言有無者徇目而已不斥言目而言離者目其靜之形敔按成形則靜離其動之用也敔按藏用於動蓋天下惡有所謂無者哉於物或未有於事非無於事或未有於理非無於理非無尋求而不得

怠惰而不求、則曰無而已矣甚矣言無之陋也敔按此卽前章形不形之所從來也

○氣之聚散於太虛、猶冰凝釋於水、知太虛卽氣則無無、

人之所見爲太虛者氣也、非虛也、虛涵氣、氣充虛、無有所謂無者敔按先子和陳白沙六經總在虛無裏詩云六經總在虛無裏方信虛無不是無

故聖人語性與天道之極、盡於參伍之神、變易而已

性天之旨盡于易、易卦陰陽互相參伍、隨時變易、

而天人之藴幽明之故吉凶大業之至賾備矣乾有六陽坤有六陰而其爻也至屯蒙而二陽參四陰至需訟而二陰參四陽非陰陽之有缺也屯蒙之二陽麗於明四陽處於幽需訟之二陰處於明四陰處於幽其形而見者爲屯蒙其隱而未見者爲鼎革形而見者爲需訟隱而未見者爲晉明夷餘倣此變易而各乘其時居其位成其法象非所見者有所不見者無也故曰乾坤其易之藴耶言易藏畜陰陽具足充滿以因時而成六十二象惟

其富有是以日新有幽明而無有無明矣

諸子淺妄、有有無之分非窮理之學也、

淺則據離明所得施爲有不得施爲無徇目而心不通妄則誣有爲無莊列淮南之流以之而近世以無善無惡爲良知者、亦惟其淺而成乎妄也、

○太虛爲清、清則無礙、無礙故神、反清爲濁、濁則礙、礙則形、

氣之未聚、於太虛希微而不可見、故清、清則有形有象者皆可入于中、而抑可入于形象之中、不行

而至神也反者屈伸聚散相對之謂氣聚於太虛
之中則重而濁物不能入不能入物拘礙於一而
不相通形之凝滯然也其在於人太虛者心涵神
也濁而礙者耳目口體之各成其形也礙而不能
相通故嗜欲止於其所便利而人己不相爲謀官
骸不相易而目不取聲耳不取色物我不相知則
利其所利私其所私聰明不相及則執其所見疑
其所罔聖人知氣之聚散無恒而神通於一故存
神以盡性復健順之本體同於太虛知周萬物而

仁覆天下矣

○凡氣清則通、昏則壅、天有炎風霽月曀陰霾霧之異、人有高明廣大庸沓鄙陋之殊、其理一也

清極則神、

不爲形礙、則有形者昭明寧靜以聽心之用而清極矣、神則合物我於一原、達死生於一致、絪縕合德、死而不亡

故聚而有間、如字則風行而聲聞具達、清之驗與、

閒形中之虛也心之神居形之閒惟存養其清通而不爲物欲所塞則物我死生曠然達一形不能礙如風之有牖即入笙管之音具達矣不行而至通之極與

神故不行而至至清而通神之效也蓋耳目止於聞見唯心之神徹於六合周於百世所存在此則猶曠宵之墟空洞之籟無所礙而風行聲達矣此二章言存神爲聖功之極致

○由太虛有天之名由氣化有道之名合虛與氣有

性之名、合性與知覺有心之名、

名者言道者分析而名言之各有所指故一理而多爲之名、其實一也太虛即氣絪緼之本體陰陽合於太和雖其實氣也、而未可名之爲氣其升降飛揚莫之爲而爲萬物之資始者於此言之則謂之天氣化者氣之化也陰陽具於太虛絪緼之中、其一陰一陽或動或靜、相與摩盪、乘其時位以著其功能五行萬物之融結、流止飛潛動植、各自成而條理不妄則物有物之道鬼神有鬼神之道而知之必明處之必當皆循此以為當然之則於此言之則謂之道此二句兼人物言之下言性心則專言人矣太虛者陰陽之藏健順之德存焉氣化者一陰一陽動靜之幾品彙之節具焉秉太虛和氣健順相涵之實而合五行之秀以成乎人之秉彝此人之所以有性也原於天而順乎道凝於形氣而五常百行之理無不可知無不可能於此言之則謂之性人之有性函之於心而感物以通象著而數陳名立而義起習其故而心喻之形也

神也物也三相遇而知覺乃發故緜性生知以知知性交涵於聚而有間之中統於一心緜此言之則謂之心順而言之則惟天有道以道成性性發知道逆而推之則以心盡性以性合道以道事天惟其理本一原故人心即天而盡心知性則存順没寧死而全歸于太虛之本體不以客感雜滯遺造化以疵纇聖學所以天人合一而非異端之所可溷也

鬼神者二氣之良能也

陰陽相感，聚而生人物者爲神，合於人物之身，用久則神隨形敝，敝而不足以存，復散而合於絪緼者爲鬼，神自幽而之明，成乎人之能而固與天相通，鬼自明而逐乎幽，然歷乎人之能，抑可與人相感，就其一幽一明者言之，則神陽也，鬼陰也，而神者陽伸而陰亦隨伸，鬼者陰屈而陽先屈，故皆爲二氣之良能。良能者無心之感合，成其往來之妙者也。凡陰陽之分，不可執一言者，類如此。學者因所指而詳察，乃無拘滯之失。若謂死則消散無有，

則是有神而無鬼、與聖人所言鬼神之德盛者異矣、

聖者至誠得天之謂、神者太虛妙應之目、

至誠體太虛至和之實理、與絪緼未分之道通一不二、是得天之所以爲天也、其所存之神、不行而至、與太虛妙應以生人物之良能一矣、如此則生而不失吾常、死而適得吾體、迹有屈伸、而神無損益也、

凡天地法象、皆神化之糟粕尔、

日月雷風水火山澤固神化之所爲而亦氣聚之客形或久或暫皆已用之餘也而況人之耳目官骸乎故形有屈伸而神無幽明之異語寂滅者不知不亡之良能執有徇生者據雜錯爲常其迷均矣

○天道不窮寒暑已衆動不窮屈伸已

寒已而暑暑已而寒循環而如相反四時之行生殺之用盡此矣蓋二氣之噓吸也屈者屈其所伸伸者伸其所屈舉動之變不能離此二用動靜語

哭喜怒行藏之變盡此矣。蓋二氣之舒斂也。

鬼神之實、不越二端而已矣、

一噓一吸、一舒一斂、升降離合於太虛之中。乃陰陽必有之幾、則鬼神者天之所顯、而即人之藏也。靜以成形、鬼之屬也、而可以迎神而來。動而成用、神之屬也、而將成乎鬼以往。屈伸因乎時。而盡性以存神、則天命立於在我、與鬼神合其吉凶矣。

○兩不立則一不可見、

陰陽未分、二氣合一、絪緼太和之眞體、非目力所及不可得而見也。

一不可見則兩之用息。

其合一而爲太和者，當其未成乎法象，陰陽之用固息也。

兩體者，虚實也，動靜也，聚散也，清濁也，其究一而已。

虚必成實，實中有虚，一也；而來則實於此，虚於彼，往則虚於此，實於彼，其體分矣。止而行之，動動也，行而止之，靜亦動也，一也；而動有動之用，靜有靜之質，其體分矣。聚者聚所散，散者散所聚，一也；而聚則顯、散則微、其體分矣、清以爲濁濁固有清一也、而清者通、濁者礙、其體分矣、使無一虛一實一動一靜一聚一散一清一濁、則可疑太虛之本無有而何者爲一、惟兩端迭用、遂成對立之象、於是可知所動所靜、所聚所散、爲虛爲實、爲清爲濁、皆取給於太和絪緼之實體、一之體立、故兩之用行、如水唯一體、則寒可爲冰、熱可爲湯、於冰湯之異足知水之常體、

○感而後有通、不有兩則無一、

陰陽合於太和、而性情不能不異、惟異生感、故交相訢合於既感之後、而法象以著、藉令本無陰陽兩體、虛實清濁之實、則無所容其感通、而謂未感之先、初無太和、亦可矣、今既兩體各立、則溯其所從來、太和之有一實顯矣、非有一、則無兩也、

故聖人以剛柔立本、乾坤毀則無以見易。

聖人之存神、本合乎至一之太虛、而立教之本、必因陰陽已分剛柔成象之體、蓋以繇兩而見一也、乾之六陽、坤之六陰、健順之德具足於法象、故相

摩相盪成六十二卦之變易以盡天下之亹亹若陰陽不純備乎乾坤則六十二象之往來者何所從生耶其何以見易乎聖人成天下之盛德大業於感通之後而以合絪緼一氣和合之體修人事即以肖天德知生即以知死存神即以養氣惟於二氣之實兼體而以時用之尔

○游氣紛擾合而成質者生人物之萬殊

游氣氣之遊行也即所謂升降飛揚紛擾者無心之化無擇於施陰陽老少互相遇而無一成之軌

乾坤立而六子五十六象多寡消長之無典要成天下之至賾乃其象矣合者陰陽之始本一也而因動靜分而爲兩迨其成又合陰陽於一也如男陽也而非無陰女陰也而非無陽（敔按如氣血魂魄之屬男女畢具是陽必具陰陰必具陽也）以至於艸木魚鳥無孤陽之物亦無孤陰之物唯滾於格物者知之時位相得則爲人爲上知不相得則爲禽獸爲下愚要其受氣之游合兩端於一體則無有不兼體者也

其陰陽兩端循環不已者立天地之大義

義者居正有常而不易之謂陰陽不偏循環不息守正以待感物得其宜爲經常不易之道此仁義中正之理所從出曰誠曰无妄曰不息曰敦化皆謂此也肰則萬殊之生因乎二氣二氣之合行乎萬殊天地生生之神化聖人應感之大經槩可知矣

○日月相推而明生寒暑相推而歲成

易繫傳文

神易無方體

易繫傳云神無方而易無體無方者無方而非其方無體者無體而非其體屈伸不異明矣

一陰一陽

繫傳云一陰一陽之謂道一一者參伍相雜合而有辨也卦或五陽一陰或五陰一陽乃至純乾純坤而陰陽並建以爲易之蘊亦一陰一陽也則陰陽之不以屈伸而息亦明矣

陰陽不測

繫傳云陰陽不測之謂神不測者乘時因變初無

定體。非幽明異致、陰陽分界如邵子四方八段之說、亦非死此生彼各有分段、如浮屠之言明矣、皆所謂通乎晝夜之道也、

晝夜者、非天之有異、乃日月出沒而人之離明有得施不得施之別爾。日月寒暑之兩行。一陰一陽之殊建。人以覩其明定其歲而謂之爲方體、實則無方無體、陰陽不測、合同於絪緼而任其變化、乃神易陰陽之固然也。晝夜分兩端、而天之運行一。生死分兩端、而神之恒存一。氣有屈伸。神無生滅。

通乎其道兩立而一見存順没寧之道在矣

○晝夜者天之一息乎寒暑者天之晝夜乎

氣之屈伸往來一也

天道春秋分而氣易猶人一寤寐而魂交

寤則魂交於明寐則魂交於幽神固未嘗亡也

魂交成夢百感紛紜對寤而言一身之晝夜也氣交

爲春萬物揉錯對秋而言天之晝夜也

魂交者專指寐而言身内爲幽身外爲明生物者

客形尒暫而不常還原而忘其故故如夢秋冬斂

物之精，適得太虛絪緼之體，故如寐之返於眞也。晝爲生，夜爲死，氣通乎晝夜者，合寤寐而如一，故君子無不正之夢，而與寤通理。此篇之旨，以存神而全歸其所從生之本體，故以秋配晝寤，以春配夜夢，而下章推物欲之所自出，唯不能通夜于晝，而任魂交之紛紜，故有發無斂，流於濁而喪其清，皆隨氣遷流，神不存而成貞淫交感之勢也。○舊與下通一章，今按文義分爲二章

○氣本之虛，則湛本無形，感而生，則聚而有象，

湛澂澈而靜正也、感而生、游氣交感、而人資以生也。言太和絪縕爲太虛、以有體無形爲性、可以資廣生大生而無所倚、道之本體也。二氣之動、交感而生、凝滯而成、物我之萬象、雖卽太和不容已之大用、而與本體之虛湛異矣。

有象斯有對、對必反其爲、有反斯有仇、仇必和而解。以氣化言之、陰陽各成其象、則相爲對、剛柔寒溫生殺、必相反而相爲仇、乃其究也、互以相成、無終相敵之理、而解散仍返于太虛、以在人之性情言之。已成形則與物爲對。而利於物者損於己。利於己者損於物。必相反而仇。然終不能不取物以自益也。和而解矣。氣化性情。其機一也、

故愛惡之情同出於太虛、而卒歸於物欲、

相反相仇則惡、和而解則愛、陰陽異用惡不容已陰得陽、陽得陰、乃遂其化、愛不容已。太虛一實之氣、所必有之幾也。而感於物。乃發爲欲。情之所自生也。

倏而生、忽而成、不容有毫髮之間、其神矣夫、

愛惡之情、無端、而不暫息者、即太虛之氣一動一靜之幾。物無不交則情無不起。蓋亦不疾而速不行而至也。存神以合湛。則愛惡無非天理矣。

○造化所成、無一物相肖者。

大同必有小異。

以是知萬物雖多、其實一物無無陰陽者。

若使但依種性而成、則區別而各相肖、唯聚而成、散而毁、既毁而復聚。一唯陰陽之變合、故物無定情、無定狀、相同而必有異。足知陰陽行乎萬物之

中。乘時以各效。全具一絪縕之體。而特微尒。以是知天地變化、二端而已、

一氣之中、二端既肇、摩盪之而變化無窮。是以君子體之、仁義立而百王不同法。千聖不同功。

○萬物形色、神之糟粕、生而榮、如糟粕之含酒醴、死而槁、如酒醴盡而糟粕存、其究糟粕亦有所歸。歸於神化。性與天道云者。易而已矣。

神之有其理、在天爲道。凝於人爲性。易、變易也、陰

陽摩盪八卦興六十四象成各有時位錯綜而陰陽剛柔仁義之體立皆神之變易也互相易而萬物各成其形色變易之妙健順五常之用爲之做聖人存神以盡性而合天敔按神無方易即其方易無體神即其體

心所以萬殊者感外物爲不一也

心函絪緼之全體而持微尒其虛靈本一而情識意見成乎萬殊者物之相感有同異有攻取時位異而知覺殊亦猶萬物爲陰陽之偶聚而不相肖也

天大無外其爲感者絪緼二端而已

絪緼之中陰陽具足而變易以出萬物並育於其中不相肖而各成形色隨感而出無能越此一端人心萬殊操縱取舍愛惡慈忍一唯此陰陽之翕闢順其理則爲聖從其妄則爲狂聖狂之分在心幾變易之間非形色之有善惡也

○物之所以相感者利用出入莫知其鄉一萬物之妙者與敔按此節言天人合一之原故下文以天與人交勝發明其感通

此言聖人存神之妙物無不相感應之理其出而

加乎物物入而應乎已用無不利有不知其所以然而然之妙蓋繇萬物之生成俱神爲之變易而各含絪縕太和之一氣是以聖狂異趣靈蠢異情而感之自通有不測之化焉萬物之妙神也其形色糟粕也糟粕異而神用同感之以神而神應矣

氣與志天與人有交勝之理

氣者天化之撰志者人心之主勝者相爲有功之謂惟天生人天爲功於人而人從天治也人能存神盡性以保合太和而使二氣之得其理人爲功

於天而氣因志治也。不肰、天生萬殊、質偏而性隱、而因任糟粕之嗜惡攻取以交相競、則濁惡之氣日充塞於兩間、聚散相仍、災眚凶頑之所繇彌長也、

聖人在上而下民咨、氣壹之動志也、鳳皇儀、志壹之動氣也、

堯舜在上而下民有昏墊之咨、其時氣偶不順、於是聖人憂勤以相天之不足、氣專於偏戾、而聖人之志在勝天、不容不動也。地平天成、鳳皇來儀、則

聖人勝天之功用成而天爲之動矣人物之生皆絪緼一氣之伸聚雖聖人不能有所損益於太和而二氣既分吉凶善不善以時位而不齊聖人貞其大常存神以御氣則爲功於變化屈伸之際物無不感而天亦不能違之此聖道之所自立而異於異端之徇有以私一己滅有以忘天下之詖辭也致按此言氣動志志動氣猶言天勝人人勝天也今孟子大全集此以釋本文失其旨矣

叅兩篇

此篇備言天地日月五行之理數、理本於一而通極於萬變、以因象數而見理之一原、但所言日月疾遲與曆家之言異、 太祖高皇帝嘗譏其非天象高遠不能定其孰是而以二曜南北發斂遲疾例之、則陽疾陰遲之說未可執據、愚謂在天者即爲理、不可執理以限天、正蒙一書、唯此爲可疑、善讀者存之以待論可也、

地所以兩、分剛柔男女而效之、法也、天所以叅、一太

極兩儀而象之性也。

天一地二，陽之爻函三爲一，而奇；陰之爻得三之二，而偶。偶則分，奇則合。在天者渾淪一氣，凝結爲地，則陰陽分矣。植物有剛柔之殊，動物有男女之別，效者效著以成形也。法者物形之定則，凡山川金石艸木禽蟲以至於人，成乎形者，皆地之效而物之法則立焉。兩者之分不可強而合矣。若其在天而未成乎形者，但有其象，絪縕渾合，太極之本體，中函陰陽，自然必有之實，則于太極之中不昧陰陽之象而陰陽未判固即太極之象合而言之則一擬而議之則三象之固然也性以理言有其象必有其理惟其具太和之誠故太極有兩儀兩儀合而爲太極而分陰分陽生萬物之形皆秉此以爲性象者未聚而清形者已聚而濁清者爲性爲神濁者爲形爲法此章引伸周易參天兩地之說而推其所以然之理而君子因有形之耳目官骸即物而盡其當然之則進退舒卷各有定經體無形有象之性以達天而存其清虛一大之神故

存心養性保合太和則參兩相倚以起化而道在其中矣

○一物兩體氣也

絪縕太和合於一氣而陰陽之體具於中矣

一故神張子自註兩在故不測

神者不可測也不滯則虛善變則靈太和之氣於陰而在於陽而在其於人也含於虛而行於耳目口體膚髮之中皆觸之而靈不能測其所在

兩故化張子自註推行於一

自太和一氣而推之陰陽之化自此而分陰中有陽陽中有陰原本於太極之一非陰陽判離各自孳生其類故獨陰不成孤陽不生既生既成而陰陽又各殊體其在於人剛柔相濟義利相裁道器相需以成酬酢萬變之理而皆協於一

此天之所以叅也

自其神而言之則一自其化而言之則兩神中有化化不離乎神則天一而已而可謂之叅故陽爻奇一合三於一陰偶一一分一得二陽爻具陰陰爻

不能盡有陽也分則與太極不離而離矣

○地純陰凝聚於中天浮陽運旋於外此天地之常體也

此言天者天之體也聚而成形者謂之陰動而有象者謂之陽天包地外地在天中渾天之說如此

恒星不動純繫乎天與浮陽運旋而不窮者也

恒星三垣二十八宿之經星此言不動謂其左旋者天體也然以北斗廻指言之抑未可通

日月五星逆天而行并包乎地者也

幷包乎地、言居地之外、與地爲體而同轉、以經星屬天、以七政屬地、乃張子之刱說、

地在氣中、雖順天左旋、其所繫辰象隨之、稍遲則反移徙而右、尒間有緩速不齊者、七政之性殊也、

所繫辰象謂日月五星也、七政隨天左旋、以遲而見爲右轉、張子盡破曆家之說、未問孰是、而謂地亦動而順天以旋、則地之不旋、明白易見、竊所未安、

月陰精、反乎陽者也、故其右行最速、

正蒙

右行最速、左行最緩也、

日爲陽精、肰其質本陰、故其右行雖緩、亦不絕繫乎天、如恒星不動、

以外景內暗離卦之象推之、故曰其質本陰、不純繫乎天者、謂幷包乎地也、

金水附日前後進退而行者、其理精溦、存乎物感可知矣、

未詳

鎮星地類、肰根本五行、雖其行最緩、亦不純繫乎也

謂根本五行者、木火水金皆依土而生者也、行最緩以不及天而行、如左旋之說、則其行於七政爲最速、不純繫乎地、二十八歲而其行始不及天一周、幾與天同其健行矣、

火者亦陰質、爲陽萃焉、肰而氣比日而微、故其遲倍日、

陽萃者、陽聚於外而含陰也、其遲差日一倍、二歲而一周天、

惟木乃歲一盛衰、故歲歷一辰、辰者日月一交之次、

有歲之象也、

辰十有二次也、日月交者一月則易一次而交之說與曆家異、曆家以象起數、此以理論數、此其所以異乎、

○凡圜轉之物、動必有機、既謂之機、則動非自外也、古今謂天左旋、此直至粗之論爾、不考日月出没恒星昏曉之變、

此直謂天體不動、地自內圜轉而見其差、於理未安、

愚謂在天而運者、唯七曜而已、
鄙所謂繫乎地而不繫乎天 也、繫乎地故與地偕
動、遲緩但因其性尒、
恒星所以爲晝夜者、直以地氣乘機左旋於中、故使
恒星河漢、因北爲南、日月因天隱見、
左當作右、謂地氣圜轉、與曆家四游之說異、
太虛無體、則無以驗其遷動於外也、
太虛至清之郛郭、固無體而不動、而坱肰太虛之
中、虛空卽氣、氣則動者也、此義未安、

○天左旋、處其中者順之、少遲則反右矣、

處其中者謂日月五星、其說謂七曜亦隨天左旋、以行遲而不及天、人見其退、遂謂右轉、與曆家之說異、未詳孰是、而與前地旋而見天之左、抑不相通、

○地物也、天神也、物無踰神之理、顧有地斯有天、若其配肰尒、

天無體、太和絪緼之氣爲萬物所資始、屈伸變化無迹而不可測、萬物之神所資也、聚而爲物、地其

最大者亦。踰謂越此而別有也。地不能越天之神而自爲物、成地者天而天且淪浹於地之中、本不可以相配。但人之生也、資地以生、有形乃以載神、則就人言之。地之德可以配天。亦知此則抗方澤之祀於圜丘。伸母斬衰之服以齊於父。狗形重養而不恤義。後世所以淪乎幽而成乎亂也。張子之論韙矣。

○地有升降、日有修短、地雖凝聚不散之物、然二氣升降其間、相從而不已也。

月令言天氣下降、地氣上升、謂氣也、此則言形隨氣而升降、未審肰否、

陽日上、地日降而下者虛也、陽日降、地日進而上者盈也、

謂冬至以後、地日漸下、夳日漸遠而晝長、夏至以後、地日漸高、夳日漸近而晝短、與日行南北二陸之說異、虛謂天地之間空曠、盈謂天地相近而氣充滿、

此一歲寒暑之候也、

謂地高近日則暑、地下遠日則寒、不用南北二陸遠近之說、

至於一晝夜之盈虛升降、則以海水潮汐驗之爲信、以漳驗地之升降、謂地升則漳落、地降則漳生、地有一歲之大升降、又有一晝夜之小升降也、其謂寒暑因地之升降、皆自此測之、乃水亦地中之一物、故謂土爲四行根本、而水必比地以安、則未可以水之盈虛驗地之升降矣、然其間有小大之差、則繫日月朔望、其精相感、

此說又與上異水之盈虛與月相感使誠因乎北則非地之升降矣不及專家之學以渾天質測及潮汐南北異候驗之之爲實也敔按質測之說出近日曆家謂據法象以質實測之

○日質本陰月質本陽

日火之精也火內暗而外明離中陰也月水之精也水內明而外暗坎中陽也日月不可知以水火坎離測之

故於朔望之際精魄反交則光爲之蝕矣

謂日精月魄交射而易其外見之陰陽故光爲之奪與曆家之說異曆說爲允

○虧盈法

謂月晦朔弦望虧盈之理

月於人爲近日遠在外故月受日光常在於外人視其初終如鉤之曲及其中天也如半璧然此虧盈之驗也

此說未詳虧盈之故嘵然易知沈存中之說備矣

○月所位者陽故受日之光不受日之精相望中弦

則兊爲之食精之不可以二也、

位謂定位而成質也、不受日之精、精相食則兊亦不受、坎外之陰不爲陽易也、此以理推度、非其實也、天者理所自出、在天者卽爲理、執理以測之、必有所窒矣、日月食自以曆家之說爲允、但闇虛之說、疑不可從尒、

○日月雖以形相物、

因其形而各謂之一物、

考其道、則有施受健順之差焉、

日施光而月受之、施者健、受者順也、所以謂日陽

而月陰、道取諸此、

星月金水受光於火日、陰受而陽施也、

謂星亦受日光、近天文家亦有云然者、然以太白

晝見驗之、與月之在晝而晴者異、則說亦難通、金

水受光于日火、以鏡及止水驗之、亦物理之一端

而已、

○陰陽之精、互藏其宅、則各得其所安、

精者、陰陽有兆而相合、始聚而爲清微和粹、含神

以爲氣母者也、苟非此、則天地之間、一皆游氣而無實矣、互藏其宅者、陽入陰中、陰麗陽中、坎離其象也、太和之氣、陰陽渾合、互相容保、其精得太和之純粹、故陽非孤陽、陰非寡陰、相函而成質、乃不失其和而久安。

故日月之形、萬古不變、

互藏之精、相得而不舍、則其相生也不窮、固與太虛之太和通理。天不變、故日月亦不變。

若陰陽之氣、則循環迭至、聚散相盪、升降相求、絪緼

相揉、蓋相兼相制、欲一之而不能

此則就分陰分陽、各成其氣以主羣動者言也、循環迭至、時有衰王、更相爲主也、聚散相盪、聚則成而盪其散者之弱、散則游而盪其聚者之滯也、升降相求、陰必求陽、陽必求陰、以成生化也、絪緼相揉、數本虛清、可以互入、而主輔多寡之不齊、揉雜無定也、二氣所生、風雷雨雪飛潛動植靈蠢善惡皆其所必有、故萬象萬物雖不得太和之妙、而必兼有陰陽以相宰制、形狀詭異、性情區分、不能一

也不能一則不能久

此其所以屈伸無方運行不息莫或使之不曰性命之理謂之何哉

屈伸無方者生死之所以不恒而聚散不能仍復其故也運行不息則蹤不復其故而伸者屈屈者必伸也鼓動於太虛之中因氣之純雜而理之昏明強柔性各別矣故月風雷水火以至犬牛蛇虎各成其性而自爲理變化數遷無一成之法則也以此論之太和未分之前初得其精者日月也陰

陽成質以後而能全其精者人也人之所以繼天立極與日月之貞明同其誠而不息能無喪焉斯聖矣

○日月得天得自肰之理也非蒼蒼之形也

此上二節皆因易日月得天而能久照之義而推言之自肰者有自而肰也陰陽合而各有良能神氣凝而爲精此日月之所自而能久照者與太虛絪合太和於無聲無臭之中者同其理故曰得天

○閏餘生於朔不盡周天之氣

三百六十五日有奇而天氣一周、一歲之朔十二止得三百五十四日有奇、不盡者氣盈朔虛也、置閏者所以合月於日、

而世傳交食淤、與閏異術、蓋有不知而作者爾、合朔之淤、以日月爲朔望之準、用推閏餘、乃使分杪之積不差、如穀梁子晦食食既朔之說、及四分三統諸曆、有經朔無定朔、皆不知而作也、此次今曆爲密、

○陽之德主於遂、陰之德主於閉、

德謂性情功效。性情者，其所自據之德；功效者，見德於物也。遂發生，成物閉收藏，自成。凡發生暢遂，皆陽之爲；而用夫陰收斂成形，皆陰之爲，而保其陽。天地、水火、四時、百物、仁義禮樂，無不然者。

○陰性凝聚，陽性發散，陰聚之，陽必散之，其勢均散。

天地之化，人物之生，皆具陰陽二氣。其中陽之性散，陰之性聚，陰抱陽而聚，陽不能安於聚必散，其散也，陰亦與之均散而返於太虛。

陽爲陰累，則相持爲雨而降；陰爲陽得，則飄揚爲雲

而升、

雨雲皆陰也、陰氣迫聚於空虛、而陽不得下交、陽爲陰累矣、然陽不久困、持于上而使陰不升、陰勢終抑而雨降、陽乃通矣、陰氣緩聚而欲升、與陽不相亢、而相入以相得也、則陽因其緩而受之、以其從容漸散、輕清不聚者爲陽、雖含陰氣亦陽也、其聚於地中與地爲體者爲陰、雖含陽氣亦陰也、凡陰陽之名義不一、陰亦有陰陽、陽亦有陰陽、非判然二物、終不相雜之謂、故雲物班布太虛者，陰爲風驅斂聚而未散者也。

陰氣上升，初尚輕微，無形無象，陽氣欲散之而驅之太驟，則陰弗能即與相得，而相保以聚，有爲雨之勢，故曰斂聚。然多不雨，彌久而後交於陽，故曰未散。前言飄揚而升者，倏起旋滅之雲，此言班布太虛者，彌亘不散之雲也。

凡陰氣凝聚，

凝聚於地上也。地天之際，人物之區，陰陽往來之衝，氣爲尤厚。天氣渾淪，入有入無，一也。而入有者以有礙而難散、則氣聚於其間、輪屯紛遝、天氣舒緩以入地、氣得之、相挾以聚、因互相凝結、即陽氣亦以聚而成陰矣、陰陽有定性而無定質也、故獨言陰而不言陽、

陽在內者不得出、則奮擊而爲雷霆、

內地中也、陰氣在外、錮之迫而怒發震二、陰錮一陽於內、雷從地出之象、

陽在外者不得入、則周旋不舍而爲風、

外地上空界也、空而無礙、可恣其游衍周旋不舍

八風相報也、巽二陽在一陰之上、風行地上之象、

其聚有遠近虛實故雷風有小大暴緩、

聚陰聚也、陰之所聚、陽所不得而出入也、遠則風大而緩、近則風小而暴、虛則雷易出而小、實則雷難出而暴、

和而散則爲霜雪雨露、

雨雪則陰降入地中而任陽之出入、和而散其聚矣、霜露又其微而緩者、

不和而散則爲戾氣曀霾、

陽急欲散、而陰之凝結益固、然其勢必不能久聚、激爲戾氣曀霾、而後散焉、戾氣雹類、陰常散緩、受交於陽、則風雨調、寒暑正、

陰之必聚、其性然也、聚之緩而不惜散、則風雨應候而不怙結以成戾、風雨時、則寒暑有節而正矣、

此章言雷風雲雨之化、精極理勢、於篇中尤醇矣、

○天象者陽中之陰、風霆者陰中之陽、

輕清上浮者陽也、而有象有形、聚者爲陰、出地而有實者陰也、而形無固形、究歸於散爲陽、故曰立

天之道曰陰與陽，立地之道曰柔與剛，非判然兩分而不相合也。

○雷霆感動雖速，然其所由來亦漸爾。陽氣積聲於地中，盈而後奮；能窮神化所從來，德之盛者與！德盛於中，故神化疾速於雷霆，可驗如伊尹、樂堯舜之道，一介無非道義，故一出而伐夏救民，莫之能禦，其所從來者盛也。

○火日外光，能直而施；金水內光，能闢而受，受者隨

材各得

大小昏明、各如其量而止、

施者所應無窮、

容光必照、遠而不禦、

神與形天與地之道與

形則限於其材、故耳目雖靈、而目不能聽、耳不能視、且見聞之知止於已見已聞、而窮於所以然之理、神則內周貫於五官、外泛應於萬物、不可見聞之理無不燭焉、天以神施、地以形應、道如是也、地順乎天、則行無疆、耳目從心、則大而能化。施者爲主、受者爲役、明乎此、則窮神合天之學、得其要矣、此上二章、因天化以推心德之主宰。尤學者所宜盡心也。

○木曰曲直、能即曲而反伸也、

既曲可伸、伸抑可曲、

金曰從革、一從革而不能自反也、

從者不易其質、革者其形可變、能從能革、具斯二德、此云不能自反、於義未安、

水火、氣也、故炎上潤下、與陰陽升降、土不得而制焉、

水火有質而勝用在氣、氣故可旁達、與金木之用止於形中異矣、與陰陽升降者以陰陽升降爲體也、土不得制者、不受命於土也、炎以散寒、潤以解燥、與上升下燥、各爲二德、此獨就上下釋之、

木金者、土之華實也、

木者土之敷榮、金土之結而堅者、

其性有水火之䙴、故木之爲物、水漬則生、火然而不離也、葢得土之浮華、於水火之交也、金之爲物、得火

之精於土之燥得水之精於水當作土之濕故水火相待而不相害燥之反流而不耗蓋得土之精實於水火之際也

潰而生然而不離惟其中有水火之性也水火之交謂水火之氣與陰陽升降融徹土中故土感其氣合同而化以發生浮華以此知土中其有燥濕之性爲水火所資生雖不能制自包函之燥者土函火濕者土函水木受水火之氣故浮金乃水火之精所結故實相待謂金有津潤還可生水燧鏡

還可生火、交相待以生、不相害謂水火不能毁金、火雖爍金而金反流、流者生動之機、火既太公仍無所耗、若水則終不損金也、際者兩相接而成之謂水濡之、火燥之、土堅實而成金、

土者、物之所以成始而成終也、

始生於土、終歸於土、神有往來、土受之而成形、地之質也、

地、一土而已、木金皆其所生、水火依之而成化之終也、

二氣變化至形成而止矣、

水火之所以升降、

火依地而升水依地而降下徹黃壚炎潤之性在焉故無依空之水火離土依空則息、

物兼體而不遺者也、

水火木金皆與土爲體則萬彙之生有形有質土皆兼體而不遺矣洪範之言五行以人事言利用厚生之資故於土但曰稼穡若自天化而言即地也四行所不得抗也周子太極第一圖太極之本

體第二圖陰陽二氣天之蘊也第三圖五行順布地之撰也第二圖陰陽分左右而中有太極陰陽分體太極而太極自不離在天之極也第三圖位土於中周行水火木金而別無太極明土爲在地之極也土不待水火而生而水火依土木金土之華實非土外之有木金張子此論究極物理與周周子脗合而術家之言謂火生土木克土者其陋明矣蓋嘗論之天以神御氣地以氣成形形成而後五行各著其體用故在天惟有五星之象在地

乃有五行之形、五氣布者、就地而言、若七曜以上之天、極於無窮之高、入於無窮之深、不特五行之所不至、且無有所謂四時者、然則四時之行、亦地天之際、氣應所感、非天體之固然矣、人生於天地之際、資地以成形、而得天以爲性、性麗於形、而仁義禮智著焉、斯盡人道之所必察也、若聖人存神以合天、則渾然一誠、仁義禮智初無分用、又豈有惻隱羞惡恭敬是非之因感而隨應者、然下學上達、必循其有迹、以盡所得爲、而豁然貫通之後、以

至誠合天德、固未可躐等求也、

○冰者、陰凝而陽未勝也、

冰當作水、水本以陽爲質、而依於土之至陰、比而不離、一陽在陷而不能勝陰、終與地爲體、而成乎陰、

火者、陽麗而陰未盡也、

火本以陰爲質、而麗於陽木、以發其光燄然其中含陰暗、終不盡失其性、則固繫乎地而不屬乎天、火之炎、人之蒸、有影無形、能散而不能受光者其氣

陽也

蒸謂身之煖氣、陽散陰聚、陽施陰受、精含于內、氣發于外、故人知日火之炎明、而不知其中之暗、知煖氣之蒸爲炅熱、而不知其中之寒、素問曰、陽虛故外熱、得此旨矣、君子之自居、德務保其精、而知人之明不取其外浮之氣、悉此理也、

陽陷於陰爲水、附於陰爲火、

坎離其象也、皆以陽爲主、君子詞也、

天道篇

前二篇具明天道、此篇因天道以推聖德、而見聖人之學、惟求合於所自來之天而無所損益、其言雖若高遠、而原生之所自、則非此抑無以爲人、周子曰、賢希聖、聖希天、希聖者亦希其希天者也、大本不立、而欲以學聖、非異端則曲學而已、學者不可以爲若登天、而別求企及之道也、

天道四時行、百物生、無非至教、聖人之動、無非至德、夫何言哉、敬按四時行百物生、大德之敦化也、聖人之動、至教之入神也、參互言之

天言教者，天之曲成萬物，各正性命，非以自成其德也。聖言德者，聖人動無非善，非爲立教而設，祇以自成其德。肰而學者之所學在此也。聖者，極乎善之謂。夫何言哉，知天知聖者於此學之，自不待言而至，非聖人之有秘密，求之於言語道斷閒也。

○夫何言哉，舊本作天，今正之。

○天體物不遺，猶仁體事無不在也。

天以太虛爲體，而太和之絪緼充滿焉，故無物不體之以爲性命。仁以無欲爲體，而視聽言動之節文生焉。故無事不體之以爲心，理之安，天者，仁之全體，仁者天之心，一也。敬按仁之全體，卽天於心見天，故曰天之心，天人一矣。

禮儀三百，威儀三千，無一物而非仁也。

心所不容已，而禮不容已矣，故復禮斯爲仁矣。禮者，復吾心之動而求安，以與事物相順者也。敬按復吾心之動而求安，所謂復其見天地之心也。

昊天曰明，及爾出王；昊天曰旦，及爾游衍。無一物之不體也。敬按禮者天理之節文也，曰明曰旦，節文於斯顯矣。

無一事之不有體，則無一物之可與天違也。此章合天與仁而言其全體，切近人心，朱子謂其從赤心流出，允矣。而顯仁於體，俾學者有所持循，尤求仁者之實務，非憑虛以言存養而與異端相似之比。張子之學以禮爲鵠，此章其樞要也。

○上天之載，有感必通。

百物之生，情動氣與，天命即授以成其形性，蓋渾淪流動，有可受斯應之。

聖人之爲，得爲而爲之也。敔按：得爲而爲之，是以以時制禮。

渾然一仁、道無不足、時可爲則如其理而爲之

○天不言而四時行、聖人神道設教而天下服、誠於此、通於彼、神之道與、

觀之象曰、神道設教、非假鬼神以誣民也、不言而誠盡於己、與天之行四時者、順理而自然感動天下服矣、天以化爲德、聖人以德爲化、惟太和在中充實誠篤而已、

○天不言而信、

四時不忒、萬物各肖其類之謂信、

神不怒而威、

聖人神道設教而天下服、

誠故信、

天惟健順之理、充足於太虛、而氣無妄動、無妄動故寒暑化育、無不給足、而何有於爽忒、敔按氣無妄動理之誠也、無妄信也、

無私故威、

聖人得理之全、無所偏、則無所用其私、刑賞皆如其理而隨應之、故天下自服。○此章申明上章誠

此通彼之理、而著其所以然之實、蓋人惟託於義理之迹而無實、則據所託以爲已私、而思以詘天下、聖人喜怒恩威、至虛而靈、備萬物生殺之理、至足而無所缺陷、何私之有、天之誠、聖人之無私、一也、御六氣、用陰陽、非人之所能測矣、此神之大用也、

○天之不測謂神、神而有常謂天、敔按天之不測、天之神也、神而有常人之天也、

天自有其至常、人以私意度之、則不可測、神非變

幻無恒也天自不可以情識計度據之爲常誠而巳矣

運於無形之謂道形而下者不足以言之敬按運於無形兼天道人道而言

形有定而運之無方運之者得其所以然之理而盡其能然之用惟誠則體其所以然惟無私則盡其能然所以然者不可以言顯能然者言所不能盡言者但言其有形之器而已故言教有窮而至德之感通萬物皆受其裁成

○鼓萬物而不與聖人同憂天道也

化之有災祥物之有善惡靈蠢聖人憂之而天不以爲憂在天者無不誠則無不可感其至敎也聖不可知也無心之妙非有心所及也

聖人雖與民同其憂患而不役心于治敎政刑以求勝之唯反身而誠身正而天下平故不親不治不答皆以無心應之彼迫於治物者恃心以應物而物不感見聖人之舞干而苗格因壘而崇降不測其所以然之理則固不能知之

○不見而章、已誠而明也、

見如字、誠有其理則自知之、如耳目口鼻之在面、暗中自知其處、不假聞見之知、

不動而變、神而化也、

有言有教、皆動也、神者以誠有之太和、感動萬物、而因材各得、物自變矣、

無爲而成、爲物不貳也、

誠不息、神無間、盡誠合神、純於至善、而德盛化神無不成矣、有爲者以已聞見之知、倚於名法設立

政敎於事愈繁、於道愈鉄、終身役役而不能成。惡

足以知其妙哉。

○已誠而明、故能不見而章、不動而變、無爲而成

承上章而括之以誠。神非變幻不測之謂。實得其

鼓動萬物之理也。不貳非固執其聞見之知。終始

盡誠于已也。此至誠存神之實也。

○富有廣大不禦之盛與、日新悠久無疆之道與

富有非積聞見之知也、通天地萬物之理而用其

神化則廣大不禦矣。日新非數變其道之謂。體神

之誠終始不間則極乎悠久無疆矣釋易繫傳而示學者勿侈博以爲廣大勿逐物以爲日新

○天之知物不以耳目心思肰知之之理過於耳目心思

心思倚耳目以知者人爲之私也心思寄於神化者天德也

天視聽以民明威以民故詩書所謂帝天之命主於民心而已焉

天無特立之體即其神化以爲體民之視聽明威

皆天之神也故民心之大同者理在是天即在是而吉凶應之若民私心之恩怨則祁寒暑雨之怨咨猶耳目之利害以與天相忤理所不在君子勿恤故流放竄殛不避其怨而逢其欲已私不可徇民之私亦不可徇也

○化而裁之存乎變存四時之變則周歲之化可裁存晝夜之變則百刻之化可裁

存謂識其理於心而不忘也變者陰陽順逆事物得失之數盡知其必有之變而存之於心則物化

無恒而皆豫知其情狀而裁之存四時之溫凉生殺則節宣之裁審矣存百刻之風雨晦明則作息之裁定矣化雖異而不驚裁因時而不逆天道且惟其所裁而況人事乎

推而行之存乎通推四時而行則能存周歲之通推晝夜而行則能存百刻之通

通者化雖變而吉凶相倚喜怒相因得失相互可會通於一也推其情之所必至勢之所必反行於此者可通於彼而不滯於一隅之識則夏之葛可

通於冬之裘，晝之作可通於夜之息，要歸於得其和平，而變皆常矣。故或仕或止，或語或嘿，或刑或賞，皆協一而不相悖害，惟豫有以知其相通之理而存之，故行於此而不礙於彼。當其變必存其通，當其通必存其變，推行之大用合於一心之所存，此之謂神。

()神而明之，存乎其人。不知上天之載，當存文王，文王之德不顯亦臨，不聞亦式，能常存此於心，則天載之神，化育亭毒於聲臭之外者，無不明矣。

默而成之存乎德行學者常存德性則自然默成而信矣

德性者非耳目口體之性乃仁義禮智之根心而具足者也常存之於心而靜不忘動不迷不倚見聞言論而德皆實矣

○存文王則知天載之神存衆人則知物性之神衆人之聰明明威皆天之所降神也故既存聖人藏密之神抑必存衆人昭著之神天載者所以推行於物性而物性莫非天載也天之神理無乎不

察於聖人得其微、於衆人得其顯、無往而不用其體驗也。

○谷之神也有限、故不能通天下之聲。

老氏以谷神爲衆妙之門、然就其心量之所及而空之、以待物而應、則天下之理不得者多矣、猶谷之應聲不能遠。

聖人之神惟天、故能周萬物而知、

聖人通天載而達物性、不立一私意而無一物之滯者、惟其萬物之理皆得、而知四達也、蓋神運於虛而老氏以虛爲神、暫止其躁動窒塞之情。亦能以機應物、而物或應。惟其虛擬聖人之天載而遺乎物性。則與太虛之絪緼一實者相離。而天下之不能通。必矣。

○聖人有感無隱、正猶天道之神、仁義禮樂刑賞進退之理、無倚而皆備於虛靜之中。感之者各得所欲而無不給。與天之絪緼不息。物感之而各成者。同其肆應不勞。人所不能測也。

○形而上者、得意斯得名、得名斯得象、

形而上者道也、形之所從生、與其所用、皆有理焉。

仁義中正之化裁所生也、仁義中正可心喻而爲之名者也。得惻隱之意、則可自名爲仁、得羞惡之意、則可自名爲義、因而徵之於事爲、以愛人制事、而仁義之象著矣。

不得名、非得象者也。

若夫神也者、含仁義中正之理、而不倚於迹、爲道之所從生、不能以一德名之、而成乎德者亦不著其象、不得已而謂之曰誠。誠以言其實有、尔非有一象可名之爲誠也。

故語道至於不能象則名言亡矣。

存之於心者得之爾。

○世人知道之自然未始識自然之爲體爾。

孩提愛親長而敬兄天高地下廸吉逆凶皆人以爲自然者也自然者絪緼之體健順之誠爲其然之所自識之者鮮矣。

○有天德然後天地之道可一言而盡。

存神以存誠知天地之道唯此尔故可以一言而

盡。

○正明不爲日月所眩，正觀不爲天地所遷，

正易作貞，宋避廟諱作正。貞者，正而恒也，自誠而明，非目之倚日月爲明，還爲所眩也。觀者，盡於己而示物也。天地以氣化之變言，治亂吉凶，天地無常數而至，誠有常理，不爲所變也。

神化篇

此篇備言神化，而歸其存神敦化之本，[illegible]達無窮而下學有實。張子之學所以別於異端而爲學者之所宜守，葢與孟子相發明焉。

神天德，

絪緼不息，爲敦化之本。

化天道。

四時百物，各正其秩敘，爲古今不易之道。

德其體，道其用，

體者所以用。用者卽用其體。一於氣而已、故按此言德者健順之體道者陰陽之用、健順陰陽一太和之氣也

氣其所有之實也。其絪縕而含健順之性、以升降屈伸條理必信者神也。神之所爲、聚而成象成形以生萬變者化也。故神氣之神。化氣之化也。

○神無方、易無體、神行氣而無不可成之化。凡方皆方、無一隅之方。易六位錯綜、因時成象。凡體皆體。無一定之體。大且一而已爾、

無所遺之謂大，無不貫之謂一，故易簡而天下之理得，體斯道也。仁義中正，擴充無外，而進退存亡、刑賞禮樂、清和安勉，道皆隨時而得中。若夷之清、惠之和，有方有體，不足以合神而體易矣。寬以居之，仁以行之，學以聚之，問以辨之，則所謂至於大且一也。

○虛明照鑒，神之明也。

太虛不滯於形，故大明而秩敘不紊。君子不滯於意，故貞明而事理不迷。照鑒者，不假審察而自知之謂。

無遠近幽淺，利用出入，神之充塞無間也。

氣之所至，神皆至焉；氣充塞而無間，神亦無間。明無不徹，用無不利，神之爲德莫有盛焉矣。

○天下之動，神鼓之也。

天以神御氣而時行物生，人以神感物而移風易俗，神者所以感物之神而類應者也。

辭不鼓舞不足以盡神。

君子之有辭，不徇聞見，不立標榜，盡其心，專其氣，

言皆心之所出而氣無浮沮則神著於辭雖愚不肖不能不興起焉若龔取勦說則仁義忠孝之言人且迂視之而漠然不應不足以鼓舞唯其神不存也

○鬼神往來屈伸之義 張子自注神示者歸之始歸往者來之終

始終循環一氣也往來者屈伸而已

故天曰神地曰示人曰鬼

天之氣伸於人物而行其化者曰神人之生理盡

而氣屈反歸曰鬼地順天生物而人繇以歸者也。屈伸往來之利用、皆於是而昭著焉、故曰示、示居神鬼之間。以昭示夫鬼神之功效者也。

○形而上者、得辭斯得象矣、

神化形而上者也、迹不顯而繇辭以想其象。則得其實、

神爲不測、故緩辭不足以盡神、

不測者有其象無其形、非可以比類廣引而擬之、指其本體、曰誠、曰天、曰仁、一言而盡之矣。

化爲難知、故急辭不足以盡化。

化無定體、萬有不窮、難指其所在、故四時百物萬事皆所必察、不可以要畧言之。從容博引乃可以體其功用之廣。辭之緩急、如其本然。所以盡神然後能鼓舞天下。使衆著於神化之象、此讀易窮理者所當知也。

○氣有陰陽、

陰陽之實、情才各異、故其致用、功效亦殊。若其以動靜屈伸聚散分陰陽爲言者、又此二氣之合而因時以效動則陽之靜屈而散亦謂之陰陰之動伸而聚亦謂之陽假陰陽之象以名之不非氣本無陰陽因動靜屈伸聚散而始有也故直言氣有陰陽以明太虛之中雖無形之可執而溫肅生殺清濁之體性俱有於一氣之中同爲固有之實也

推行有漸爲化合一不測爲神

其發而爲陰陽各以序爲主輔而時行物生不窮於生化也其推行之本則固合爲一氣和而不相悖害陰陽實有之性名不能施象不能別則所謂

神也。

其在人也、知義用利、則神化之事備矣。知去聲

知者洞見事物之所以然、未效於迹而不昧其實、神之所自發也。義者因事制宜、剛柔有序、化之所自行也。以知知義、以義行知、存於心而推行於物、神化之事也。

德盛者窮神則知不足道、知化則義不足云、

知所以求窮乎神、義所以求善其化、知之盡、義之精、大明終始、無事審察、隨時處中而不立矩、則惟

純體陰陽之全德則可陰可陽可陽而陰可陰而陽如春温而不無凉雨秋肅而不廢和風不待知知不求合義矣然使非全體天地陰陽之德則棄知外義以遯於空虛洸洋自恣又奚可哉

天之化也運諸氣人之化也順夫時非氣非時則化之名何有化之實何施

惟其有氣乃運之而成化理足於已則隨時應物以利用而物皆受化矣非氣則物自生自死不資於天何云天化非時則已之氣與物氣相忤而施

亦氣乃所以為將者喜怒生殺泰否損益皆陰陽之氣一闔一闢之幾也以陰变陽以陽濟陰以陰應陰以陽應陽以吾性之健順應固有之陰陽則出處語默刑賞治教道運於心自感通於天下聖人化成天下其樞機之要唯善用其氣而已中庸曰至誠為能化孟子曰大而化之皆以其德合陰陽與天地同流而無不通也

至誠實有天道之謂大者充實於內化之本也惟其健順之德凝五常而無間合二氣之闔闢備之

無遺存之不失故因天地之時與之同流有實體則有實用化之所以咸通也陰陽合爲一德不測之神也存神以御氣則誠至而聖德成矣

所謂氣也者非待其鬱蒸凝聚接於目而後知之陽爲陰累則鬱蒸陰爲陽迫則凝聚此氣之將成乎形者養生家用此氣非太和絪縕有體性無成形之氣也

苟健順動止浩然湛然之得言皆可名之象爾

健而動其發浩然陽之體性也順而止其情湛然

陰之體性也、清虛之中、自有此分致之條理、此仁義禮知之神也、皆可名之爲氣、而著其象、蓋氣之未分而能變合者、卽神自其合一不測而謂之神、爾非氣之外有神也、

然則象若非氣、指何爲象、

健順動止、浩湛之象、爲乾坤六子者、皆氣也、氣有此象也、

時若非象、指何爲時、

隨時而起化者、必以健順動止浩湛之幾、爲與陰

陽翕闢生殺之候相應以起用不肰又將何以應乎時哉

世人取釋氏銷礙入空學者舍惡趨善以爲化此直可爲始學遣累者薄乎云爾豈天道神化所同語也哉

釋氏以眞空爲如來藏謂太虛之中本無一物而氣從幻起以成諸惡爲障礙眞如之根本故斥七識乾健之性六識坤順之性爲流轉染污之害源此在下愚挾其鬱蒸凝聚之濁氣以陷溺於惡者

聞其滅盡之說，則或可稍懲其狂悖，而仁義無質，忠信無本，於天以太和一氣含神起化之顯道，固非其所及知也。昧其所以生，則不知其所以死，妄欲銷隕世界以爲大涅槃，彼亦烏能銷隕之哉！徒有妄想以惑世誣民而已。敔按：釋氏謂第七識爲末那識，華云我識；第六識爲紇哩耶識，華云意識。此言乾健之性，坤順之性者，爲仁由己，乾道也；主敬行恕，要在誠意慎獨，坤道也。

○變則化，由粗入精也。

變者自我變之，有迹爲粗；化者推行有漸，而物自

化、不可知爲精、此一義也、

化而裁之謂之變以著顯微也、

謂之當作存乎、化之所自裁、存乎變易不測、不失其常之神、化見於物、著也、裁之者存乎已、微也、此又一義也、中庸變先於化、易傳化先於變、取義不同、凡言陰陽動靜不可執一義以該之類如此、中庸之言變、知義之事、化則神之效也、易傳之言化、德盛之事、變則神之用也、變者化之體、化之體、神也、精微之蘊、神而已矣、

○谷神不死故能微顯而不揜
谷當作鬼傳寫之譌也神陽鬼陰而神非無陰鬼非無陽祭禮有求陰求陽之義明鬼之有陽矣二氣合而體物一屈一伸神鬼分焉而同此氣則同此理神非無自而彰鬼非無所往而滅故君子言往來異於釋氏之言生滅屈伸一指也死生一物也無間斷之死滅則常流動於化中而繫乎人心微者必顯孰能揜之耶

○鬼神常不死故誠不可揜人有是心在隱微必乘

聞而見

鬼神無形聲而必昭著於物則苟有其實有不待形而見不待聲而聞一念之善惡動於不及覺之地若或使之發露蓋氣機之流行有則必著之也

故君子雖處幽獨防亦不懈

非畏其著見畏其實有之而不能遏也一念之邪不審雖或制之不發而神氣既爲之累見於事爲不覺而成乎非僻不自測其所從來而不可遏抑蓋神氣者始終相貫無遽生遽滅之理勢念之於

數十年之前而形之也忽成于一旦故防之也不可不早不得謂此念忘而後遂無憂如釋氏心忘罪滅之說也敔按此所謂天奪其魄也天者神也魄者形也神氣既累必動乎四體而莫捨其形

○神化者天之良能非人能

見聞之所推測名法之所循行人能也

故大而位天德然後能窮神知化

位猶至也盡心以盡性性盡而與時偕行合陰陽之化乃位天德實體之則實知之矣

○大可爲也大而化不可爲也

擴充其善以備乎理之用則大矣與時偕行而物無不順非恃其大而可至也在熟而已

一其心於道而漸積以自然則資深居安而順乎時故學莫妙於熟人之所以皆可爲堯舜也

易謂窮神知化乃德盛仁熟之致非智力能強也

張子之言神化極矣至此引而歸之於仁之熟乃示學者易簡之功學聖之奧也擇善固執熟之始

功終食不違則熟矣。

○大而化之、能不勉而大也、熟則不勉、不已而天、則不測而神矣、

天之神化、惟不已。故萬變而不易其常。伯夷伊尹不勉而大、而止於其道、有所止、則不能極其變。唯若孔子與時偕行、而神應無方、道在則誠、道變則化。化而一合於誠、不能以所止測之。

○先後天而不違、順至理以推行、知無不合也、

心之所存推而行之無不合於理則天不能違矣理者天之所必然者也

雖然得聖人之任者皆可勉而至猶不害於未化爾大幾聖矣

伊尹自耕莘以來集義而純乎道故以覺民爲志伐夏而天下服放君而太甲悔過雖所爲有迹矯時以立德未幾於化而天理順則亦幾於聖矣

化則位乎天德矣

仁熟而神無不存則與時偕行萬物自正其性命

故鳳鳥不至、河不出圖、而孔子之道自參天地贊化育、不待取必於天也、

○大則不驕化則不吝

成物皆成已之事、而後驕心永釋、因物順應而已、不勞、而後吝心不生、此廣大高明之極也、學者欲至於大、當勿以小有得而驕、欲幾於化、當勿以私有得而吝、若顏子之勿伐善勿施勞、竭才以思企及、則得矣、

○無我而後大

誠者成身也非我則何有於道而云無我者謂私意私欲也欲之害理善人信人幾於無矣唯意徇聞見倚於理而執之不通天地之變不盡萬物之理同我者從之異我者違之則意即欲矣無我者德全于心天下之務皆可成天下之志皆可通萬物備於我安土而無不樂斯乃以爲大人

大成性而後聖

德盛仁熟不求備物而萬物備焉與時偕行成乎性而無待推擴斯聖矣聖者大之熟也

聖位天德不可致知謂神、故神也者、聖而不可知、故按致知猶言推測而知、

聖不可知、則從心所欲、皆合陰陽健順之理氣、其存於中者、無仁義之迹、見於外者、無治教政刑之勞、非大人以降所可致知、斯其運化之妙、與太虛之神一矣、自大人而上、熟之則聖、聖熟而神矣、非果有不可知者爲幻異也、堯舜之道、孝弟而已矣、不雜乎人而一於天也、

○見幾則義明

事物既至、則不但引我以欲者多端、且可託於義者不一、初心之發善惡兩端而已、於此分析不苟則義明而不爲非義所冒。

動而不括則用利、

括收也、滯也、放義而行、一如其初心、推之天下無中止之機、則用無不利矣、

屈伸順理、則身安而德滋、

滋漸長而盛也、義明而推行之無所撓止、或屈或伸無非理矣、時有否泰而身安恒一於義而心日

廣。德日潤矣、此言學聖之始功、在於見幾、蓋幾者形未著、物欲未襍、思慮未分、乃天德之良所發見。唯神能見之、不倚於聞見也。窮神知化、與天爲一、豈有我所能勉哉、乃德盛而自致爾、

存神以知幾、德滋而熟、所用皆神。化物而不爲物化。此作聖希天之實學也、幾者動之微、微者必著、故聞見之習俗、一入於中、以成乎私意、則欲利用安身而不可得。況望其德之滋乎。

○精義入神、事豫吾内、求利吾外也、察事物所以然之理、察之精而盡其變、此在事變未起之先、見幾而決、故行焉而無不利

利用安身、素利吾外、致養吾内也、義已明、則推而行之不括、無所撓止、用利身安、則心亦安、於理、而不亂、故吉凶生死、百變而心恒泰、如其行義不果、悔吝生於所不豫、雖欲養其心以靜正、而憂惑相擾、善惡與吉凶交爭於胸中、未有能養者也、

窮神知化乃養盛自致非思勉之能強故崇德而外君子未或致知也

外利內養身心率循乎義逮其熟也物不能遷形不能累惟神與理合而與天爲一矣故君子欲窮神而不索之於虛欲知化而不億測其變惟一於精義而已義精而德崇矣所繇與佛老之強致者異也蓋作聖之一於豫養不使其心有須臾之外馳以爲形之所累物之所遷而求精於義則即此以達天德是聖狂分於歧路人禽判於幾希閑邪

存誠、與私意私欲、不容有毫髮之差也。

○神不可致思、存焉可也、

心思之貞明貞觀。即神之動幾也。存之則神存矣

舍此而索之於虛無不測之中、役其神以從妄、矣。

化不可助長、順焉可也、

德未盛而欲變化以趨時。爲詭而已矣。順者修身

以俟命、正己而物正。

存虛明、久至德、

澄心攝氣、莊敬以養之。則意欲不生。虛而自啟其

明以涵泳義理而熟之不使間斷心得恒存而久矣此二者所以存神也

順變化達時中

貞觀立而天地萬物之變不憂不逆行法以俟命隨時皆有必中之節放義以行而不括此二者所以順化也

仁之至義之盡也

存神順化則仁無不至義無不盡

知微知彰不舍而繼其善然後可以成人性矣

知微知彰虛明而知幾也不舍而繼其善久至德而達時中也成性者成乎所性之善性焉安焉之聖也成乎性而神化在我豈致思助長者之所可擬哉言人性者天之神篤於生而爲性其化則動植之物故曰唯人也得其秀而最靈

○聖不可知者乃天德良能立心求之則不可得而知之

天德良能太和之氣健順動止時行而爲理之所自出也熟則自知之大人以下立心求之則不知

其從心不踰之矩爾非有變幻不測絶乎人而不可測如致思助長者之詫神異也

○聖不可知謂神莊生繆妄又謂有神人焉聖而不巳合一於神神者聖之化也莊生欲蔑聖功以清虛無累之至爲神人妄矣

○惟神爲能變化以其一天下之動也德之獨至者爲清爲任爲和皆止於量猶萬物之動者因其質也天之神萬化也該焉而統之以太和之升降屈伸聖人之神達天下之亹亹而統之以

虛明至德故動皆協一子曰吾道一以貫之存神於心之謂也

人能知變化之道其必知神之爲也

變化者因天下之動也其道則不私於形不執一於道不孤其德神存而順化以協其至常六龍皆可乘以御天特在時位移易之間尒可於此以徵神之所爲

○見易則神其幾矣

易有六十四象三百八十四變變化極矣而唯乾

之六陽坤之六陰錯綜往來摩盪以成其變化不
此神之所爲也故易簡而行乎天下之險阻於此
而知神之爲用純一不息隨其屈伸消長皆成乎
化聖不可知唯以至一貞天下之動而隨時處中
在運動之間而已
○知幾其神由經正以貫之則寧用終日斷可識矣
經即所謂義也事理之宜吾心有自然之則大經
素正則一念初起其爲善惡吉凶判然分爲兩途
而無可疑不待終日思索而可識矣張子之言神

化盡矣。要歸於一，而奉義爲大正之經，以貫乎事物，則又至嚴而至簡。蓋義之所自立，即健順動止陰陽必然之則。敬按：此所謂立天地之大義。正其義則協乎神之理，凝神專氣以守吾心之義，動存靜養，一於此，則存神以順化，皆有實之可守，而知幾合神，化無不順，此正蒙要歸之旨，所以與往聖合轍，而非賢知之過也。

幾者，象見而未形也。

事無其形，心有其象，

形則涉乎明、不待神而後知也、

已形則耳目之聰明、可以知其得失、不待神也、肰

而知之已晩、將過而失其中、物變起而悔吝生矣、

吉之先見云者、順性命、則所先皆吉也、

精、義而存之、不息則所守之大經、固性命各正之

理、於此閑邪存誠、一念之動、罔非吉矣、故易曰介

於石、正其經也、不終日貞吉、念一起而卽與吉爲

徒也、順天地之至常、變化而不渝矣、

○知神而後能饗帝饗親、

不知神而以爲無是不得已而姑饗之也則亡乎愛以爲有是以山妖木魅饗之也則亡乎敬

見易而後能知神

易卦非錯則綜互相往來神伸而生生則嚮於鬼神屈而死死則返於神錯綜往來不息之道也是故不聞性與天道而能制禮作樂者末矣

天以神爲道性者神之撰性與天道神而已也禮樂所自生一順乎陰陽不容已之序而導其和得其精意於進反屈伸之閒而顯著無聲無臭之中

和於形聲、乃以立萬事之節、而動人心之豫。不知而作者、玉帛鐘鼓而已、此章言明有禮樂、幽有鬼神、皆自無而肇有。唯窮神者兩得其精意、以鼓舞天下而不倦。故以鬼神與禮樂、以禮樂求鬼神者從其類也。

○精義入神、豫之至也、

義精則與。神同其動止。以神治物冐天下之道。不待事至而幾先吉、非立一義以待一事。期必之豫也。故中庸以明善爲誠身之豫道。

○徇物喪心人化物而滅天理者乎存神過化忘物累順性命者乎

陰陽之糟粕聚而成形故內而爲耳目口體外而爲聲色臭味雖皆神之所爲而神不存焉矣兩相攻取而喜怒生焉心本神之舍也馳神外徇以從小體而趨合於外物則神去心而心喪其主知道者凝心之靈以存神不溢喜不遷怒外物之順逆如其分以應之乃不留滯以爲心累則物過吾前而吾已化之性命之理不失而神恒爲主舜之飯

糗茹草，與爲天子無以異，存神之至也。

○敦厚而不化，有體而無用也。

敦厚，敬持以凝其神也；化，因物治之而不累也。君子之於物，雖不徇之，而當其應之也，必順其理，則事已靖，物已安，可以忘之，而不爲累；若有體而無用，則欲卻物而物不我釋，神亦終爲之不寧，用非所用，而體亦失其體矣。敔按：莊子所謂其神凝而物不疵癘者，蓋有體而無用也。化，而自失焉；徇物而喪已也。

必欲事之靖物之安則事求可功求成馳情外徇而已以喪矣敔按此言管晏之學

大德敦化然後仁智一而聖人之事備

大德天德也敦誠以存神而隨時以應化則大而化之矣敦者仁之體化者智之用

性性為能存神物物為能過化

性性於所性之理安焉而成乎性不為習遷也物物因物之至順其理以應之也性性則全體天德而神自存物物則應物各得其理雖有違順而無

留滯自累以與物競感通自順而無不化矣此聖人之天德也學聖者見幾精義以不違於仁動而不括以利用其智立體以致用庶幾別於異端之虛寂流俗之功名矣

○無我然後得正巳之盡存神然後妙應物之感

此言存神過化相爲體用也徇物喪巳者徇耳目以取聲色唯我私之自累役於形而不以神用則物有所不通而應之失其理故惟無我則因物治物過者化而巳以無所累而恒正存神則貫通萬

理而曲盡其過化之用過化之用即用存神之體而存神者即所以善過化之用非存神未有能過化者也

範圍天地之化而不過過則溺於空淪於靜既不能存夫神又不能知夫化矣

範圍天地者神也必存之以盡其誠而不可舍二氣健順之實以卻物而遁於物理之外釋言眞空老言守靜皆以神化爲無有而思超越之非神則化何從生非化則神何所存非精義以入神則存

非存知非知喪己而不能感物此二氏之愚也

○旁行不流圓神不倚也

圓者天之道也屈伸順感而各得神之圓也不倚於形器則不狥物而流

○百姓日用而不知溺於流也

作息飲食何莫非神之所爲氣動而理即在其中百姓日所用者皆神而狥物以忘其理故如水之流而不止違於神而趨於鬼終屈而莫能伸也

○義以反經爲本經正則精

經者人物事理之大本反者反而求乎心之安也止此倫物而差之毫釐則失其正無不正則無不精非隨事察察之爲精也

仁以敦化爲㴱化行則顯

敦厚以體萬物之化乃盡物性而合天行而仁之用顯顯者顯其所敦也故易曰顯諸仁

義入神動一靜也仁敦化靜一動也

存諸中者爲靜見諸行者爲動義精而入神則所動而施行者皆中存之天德非因事求義而專於

動也，仁敦化，則寂然不動之中，萬化之理，寄運於心，而無一念之息，非虛寂爲仁而專於靜也。敦化者，豈豫設一變化以紛吾思哉。存大體以精其義，而敦之不息，不動靜合一於仁，而義爲之幹，以此張子之學，以義爲本。

仁敦化則無體，義入神則無方。

易曰神無方而易無體，仁函萬化以敦其全體，則隨所顯而皆仁，六位時成，易之所以冒天下之道者此也。義之精者，體陰陽屈伸高下之秩敘而盡其神用義非外襲而圓行以不流神之所以藏諸用者此也無體無孤立之體異於老釋之靜無方無滯於一隅之方異於名法之動無體者所以妙合無方之神精義之德至矣哉

動物篇

此篇論人物生化之理神氣往來應感之幾以明天人相繼之妙形器相資之用蓋所以發知化之旨而存神亦寓其間其言皆體驗而得之非邵子執象數以觀物之可比也

動物本諸天以呼吸爲聚散之漸

動物皆出地上而受五行未成形之氣以生氣之往來在呼吸自稚至壯呼吸盛而日聚自壯至老呼吸衰而日散形以神而成故各含其性

植物本諸地以陰陽升降爲聚散之漸

植物根於地而受五行已成形之氣以長陽降而陰升則聚而榮陽升而陰降則散而槁以形而受氣故但有質而無性

物之初生氣日至而滋息物生既盈氣日反而游散

有形則有量盈其量則氣至而不能受以漸而散矣方來之神無頓受於初生之理非畏厭溺非疫厲非獵殺斬艾則亦無頓滅之理日生者神而性亦日生反鬼者鬼而未死之前爲鬼者亦多矣所

行之清濁善惡與氣俱而游散於兩間爲祥爲善爲眚爲孽皆人物之氣所結不待死而爲鬼以滅盡無餘也敔按此論顯有微人特未之體貼耳

至之謂神以其伸也反之爲鬼以其歸也

用則伸不用則不伸鬼而歸之仍乎神矣死生同條而善吾生者卽善吾死伸者天之化歸者人之能君子盡人以合天所以爲功於神也敔按全而歸之者必全而後可謂之歸也故曰歸者人之能

○氣於人生而不離死而游散者謂魂聚成形質雖

死而不散者謂魄

可以受聰明覺了之靈者魄也其不可受者形也嗜欲之性皆魄之所攻取也但魄離之則不能發其用耳魄雖不遽散而久亦歸於土其餘氣上蒸亦返於虛莫非氣之聚則亦無不歸於氣也敔按本文所謂不散者非終不散也

○海水凝則冰浮則漚肰冰之才漚之性其存其亡海不得而與焉推是足以究死生之說

冰有質故言才漚含虛故言性不得而與謂因乎

氣之凝浮海不能有心爲之也凝聚而生才性成焉散而亡則才性仍反於水之神此以喻死生同於太虛之中君子俟命而不以死爲憂盡其才養其性以不失其常爾伊川程子敗與爲有義未詳

○有息者根於天

息呼吸也動物受天氣之動幾

不息者根於地

植物受地氣之静化

根於天者不滯於用

視聽持行可以多所爲天氣載神故靈

根於地者滯於方

離土則槁矣地氣化形故頑

此動植之分也

人者動物得天之最秀者也其體愈靈其用愈廣

○生有先後所以爲天序小大高下相竝而相形焉

是謂天秩

少長有等老穉殊用別於生之先後也高下以位

言小大以才量言相形而自著者也秩序物皆有

之而不能喻人之良知良能自知長長尊尊賢賢
因天而無所逆
天之生物也有序
其序之也亦無先設之定理而序之在天者卽爲
理
物之既形也有秩
小大高下分矣欲踰越而不能
知序然後經正
經卽義也敬長爲義之實推而行之義不可勝用

矣。

知秩然後禮行、

尊尊賢賢之等殺、皆天理自然、達之而禮無不中矣、秩序人所必繇、而推之使通。辨之使精。則存乎學問。故博文約禮、爲希天之始敎、

○凡物能相感者、鬼神施受之性也、

魄麗於形、鬼之屬、魂營於氣、神之屬、此鬼神之在物者也。魄主受、魂主施、鬼神之性情也。物各爲一物。而神氣之往來於虛者。原通一於絪緼之氣。故

施者不吝施、受者樂得其受、所以同聲相應、同氣相求、琥珀拾芥、磁石引鐵、不知其所以然而感、聖人感人心而天下之平、亦惟其固有可感之性也、不能感者、鬼神亦體之而化矣

成形成質、有殊異而不相喻者、亦形氣偶然之偏戾、及其誠之已盡、亦無不同歸之理、蓋其始也皆一氣之伸、其終也屈而歸於虛、不相悖害、此鬼神合萬彙之往來於一致也、存神者與鬼神合其德、則舞干而苗格、因壘而崇降、不已於誠、物無不

體矣如其驕吝未化以善惡聖頑相治而相亢誠息而神不存則可感者且相疑貳而況不能相感者乎

○物無孤立之理非同異屈伸終始以發明之則雖物非物也

凡物非相類則相反易之爲象乾坤坎離頤大過中孚小過之相錯餘卦二十八象之相綜物象備矣錯者同異也綜者屈伸也萬物之成以錯綜而成用或同者如金鑠而肖水木灰而肖土之類或

異者、如水之寒、火之熱、鳥之飛、魚之潛、之類、或屈而鬼、或伸而神、或屈而小、或伸而大、或始同而終異、或始異而終同、比類相觀、乃知此物所以成彼物之利、金得火而成器、木受鑽而生火、惟於天下之物知之明、而合之、離之、消之、長之、乃成吾用、不肰、物各自物、而非我、所得用、非物矣、

事有始卒、乃成、非同異有無相感、則不見其成、不見其成、則雖物非物、

事之所繇成、非直行速獲、而可以永終、始於勞者

終於逸始於難者終於易始於博者終於約歷險阻而後易簡之德業興焉故非異則不能同而百慮歸於一致非同則不能異而一理散爲萬事能有者乃能無積之厚而後散之廣能無者乃能有不諱屈而後可允伸故曰尺蠖之屈以求伸龍蛇之蟄以全身若不互相資以相濟事雖幸成且不知其何以成而居之不安未能自得物非其物矣

故一（一當作曰傳寫之譌）屈伸相感而利生焉

凡天下之物一皆陰陽往來之神所變化物物有

陰陽事亦如之其小大吉凶善惡之形知其所屈而屈此者可以伸彼知其所伸而伸者必有其屈以同相輔以異相治以制器而利天下之用以應事而利彼往之用以俟命而利修身之用存乎神之感而已神者不滯於物而善用物者也

○獨見獨聞雖小異怪也出於疾與妄也其見其聞雖大異誠也出陰陽之正也

目眚則空中生華風眩則蟬鳴於耳雖事所可有而以無爲有非其實也妄人之說不仰觀俯察鑒

古知今而唯挾偶肰意見所弋獲而據爲道教與之同也疾風迅雷非常之甚矣而共見共聞陰陽之正運於太虛人不能察爾放君伐暴成非常之事制禮作樂極非常之觀皆體陰陽必肰之撰曉肰與天下後世正告之而無思不服

○賢才出國將昌子孫才族將大神氣先應之也於此可徵鬼神之不揜

○人之有思蓋剛柔相摩乾坤闔闢之象也一屈一伸交相爲感人以之生天地以之生人物

而不息此陰陽之動幾也動而成乎一動一靜然必先有乾坤剛柔之體而後闔闢相摩猶有氣而後有呼吸

○寤形開而志交諸外也夢形閉而氣專乎內也開者伸也閉者屈也志交諸外而氣舒氣專於內而志隱則神亦藏而不靈神隨志而動止者也寤所以知新於耳目夢所以緣舊於習心

開則與神化相接耳目為心效日新之用閉則守耳目之知而困於形中習為主而性不能持權故

習心之累烈矣哉。

醫謂飢夢取，飽夢與，凡寤夢所感，專語氣於五藏之變，容有取焉爾。

形閉而神遌聽於形，故五臟之形有欣厭，心亦隨之，而結爲妄。形滯而私，故也。形爲神用則靈，神爲形用則妄。

○聲者，形氣相軋而成。

觸而相迫曰軋。

兩氣者，谷響雷聲之類。

銳往之氣與空中固有之氣、相觸而成也、

兩形者、桴鼓叩擊之類、

兩形相觸也、然運桴而氣亦隨之、迫於鼓而發聲、則亦無非氣也、聲之洪纖者、形之厚薄疎密、其氣亦殊感、

形軋氣、羽扇敲矢之類、

敲音雹、鳴鏑也、三者形破氣、氣爲之鳴、

氣軋形、人聲笙簧之類、

氣出而脣舌匏竹、斂之縱之以激成響、氣發有洪

纖、體有通塞之異、而氣之舒疾昏鬱亦異、

是皆物感之良能、人皆習之而不察者爾、

不感則寂、感則鳴、本有可鳴之理、待動而應之必速、良能自肰之動幾也、

形也、聲也、臭也、味也、温凉也、動靜也、六者莫不有五行之别、同異之變、皆帝則之必察者與、

温凉體之覺、動靜體之用、五行之神、未成乎形者、散寄於聲色臭味、氣體之中、人資以生而爲人用、精而察之、條理具、秩敘分焉、帝載之所以信而通

也知天之化則於六者皆得其所以然之理而精吾義然亦得其意而利用而天理之當然得矣若一一分析以配合於洛象則多泥而不通張子約言之而邵子博辨之察帝則以用物以本御末也觀物象以推道循末以測本也此格物窮理之異於術數也

張子正蒙上卷下

誠明篇

前篇統人物而言、原天所降之命也。此篇專就人而發性之蘊、於人所受而切言之也。中庸曰、天命之謂性、爲人言而物在其中、則謂統人物而言之可也、又曰、率性之謂道、則專乎人而不兼乎物矣。物不可謂無性、而不可謂有道。道者人物之辨。所謂人之所以異於禽獸也。故孟子曰、人無有不善、專乎人而言之、善而後謂之道、泛言性、則犬之性牛之性，其不相類久矣。盡物之性者，盡物之理而已。虎狼噬人以飼其子，而謂盡父子之道，亦率虎狼之性爲得其道而可哉？禽獸無道者也，草木無性者也，唯命則天無心無擇之良能，因材而篤，物得與人而共者也。張子推本神化，統動植於人而謂萬物之一源，切指人性，而謂盡性者不以天能爲能，同歸殊塗，兩盡其義，乃此篇之要旨。其視程子以率性之道爲人物之偕焉者，得失自曉然易見，而抉性之藏，該之以誠明，爲良知之實，則近世竊釋氏之濬以無善無惡爲良知者，其妄亦不待辨而自闢。學者欲知性以存養，所宜服膺也。

誠明所知，乃天德良知。

仁義，天德也，性中固有之而自知之，無不善之謂良。

非聞見小知而已。

行所不逮，身所不體，心所不喻，偶肰聞一師之言，見一物之機，遂自以爲妙悟，小知之所以賊道。

○天人異用，不足以言誠。

理、天也、意欲、人也、理不行於意欲之中、意欲有時而踰乎理、天人異用也、

天人異知、不足以盡明、

因理而體其所以然、知以天也、事物至而以所聞所見者證之、知以人也、通學識之知、於德性之所喻、而體用一源、則其明自誠而明也、

所謂誠明者、性與天道、不見乎小大之别也、

通事物之理、聞見之知、與所性合符、達所性之德與天合德、則物無小大、一性中皆備之理、性雖在

人而小道、雖在天而大、以人知天、體天於人、則天在我而無小大之別矣。

○義命合一存乎理、義之所在、即安之爲命。唯貞其常理而已。

仁智合一存乎聖、天德本合、徇其迹者或相妨也。聖人與時偕行、至仁非柔、大智非察、兼體仁智而無仁智之名。如舜好問好察、智也、隱惡揚善、仁也、合於一矣。

動靜合一存乎神、

静動異而神之不息者無間。聖能存神、則動而不離乎静之存。静而皆備其動之理。敦誠不息、則化不可測。

陰陽合一存乎道。

太和所謂道。陰陽具而無倚也。

性與天道合一存乎誠。

誠者神之實、體氣之實、用在天爲道、命於人爲性。知其合之謂明、體其合之謂誠。

○天所以長久不已之道、乃所謂誠。

氣化有序而亘古不息、惟其實有此理也、仁人孝子所以事天成身、不過不已於仁孝而已、實知之、實行之、終身之慕、終食之無違、信之篤也、故君子誠之爲貴、

有不誠、則乍勇於爲而必息矣、至誠則自不容已、而欲致其誠者、惟在於操存勿使間斷、已百已千勉强之熟、而自無不誠矣、此章直指立誠之功、特爲淺切著明、尤學者之所宜加勉、

○誠有是物、則有終有始、

天道然也。生之必成之。四時序而百物成。

僞實不有。何終始之有。故曰不誠無物。

人爲之僞。意起而爲之。意盡而止。其始無本。其終

必忒。物謂事也。事不成之謂無物。

○自明誠。由窮理而盡性也。自誠明。由盡性而窮理

也。

存養以盡性。學思以窮理。

○性者萬物之一源。非有我之得私也。

性以健順爲體。本太虚和同而化之理也。繇是而

仁義立焉。隨形質而發其靈明之知。則彼此不相知而各爲一體。如源之分流矣。恃靈明之知發於耳目者爲己私智以求勝於物。逐流而忘源矣。惟大人爲能盡其道。是故立必俱立。知必周知。愛必兼愛。成不獨成。

能安其所處爲立。各效其材以有用爲成。彼自蔽塞而不知順吾理者。則亦莫如之何矣。己私成則雖有至教不能移矣。此章統萬物於一源。溯其始而言之。固合人物而言。而曰立曰成則專乎人之辭。不知之必有詳略。愛之必有區別。理一分殊。亦存乎其中矣。親踈貴賤之不同。所謂順理也。雖周知博愛而必順其理。葢自天命以來秩叙分焉。知其一源。則必知其分流。故窮理盡性。交相爲功。異於墨釋之教。漫滅天理之節文而謂會萬物於一已也。

○天能爲性。人謀爲能。

天能者。健順五常之體。人謀者。察識擴充之用也。

大人盡性。不以天能爲能。而以人謀爲能。

大人不失其赤子之心、而非孤守其惻隱羞惡恭敬自肰之覺、必擴而充之、以盡其致、一如天之陰陽有實、而必於闔闢動止、神運以成化、則道弘而性之量盡矣、蓋盡心、爲盡性之實功也、

故曰天地設位、聖人成能、

天地有其理、誠也、聖人盡其心、誠之者也、

○盡性肰後知生無所得、

非己之私得、

則死無所喪、

理明義正而道不缺氣正神清而全歸於天故君子之生明道焉尒行道焉尒爲天效動死則寧焉喪者喪其耳目口體而神無損也

○未嘗無之謂體、體之謂性、無則不可爲體矣人有立人之體、百姓日用而不知、尒雖無形迹而非無實使其無也則生理以何爲體而得存耶仁之於父子、義之於君臣、用也用者必有體而後可用以此體爲仁義之性、

○天所性者、通極於道、

天所命人而爲性者卽以其一陰一陽之道成之卽一非二曰通此外無雜曰極人生莫不有性皆天道也故仁義禮智與元亨利貞無二道氣之昏明不足以蔽之

禀氣有昏明則知能有偏全而一曲之誠卽天之誠故乍見孺子之仁無受尒汝之義必發於情莫能終蔽也

天所命者通氣於性

命以吉凶壽夭言以人情度之則有厚於性而薄

于命者而富貴貧賤夷狄患難皆理之所察予之以性即予之以順受之道命不齊性無不可盡也遇之吉凶不足以戕之

性存而道義出窮通夭壽何至戕其生理不免乎蔽之戕之者未之學也

任其質而不通其變性學有未至故其端發見而不充吉凶雜至而失其素

性通乎氣之外命行乎氣之內氣無內外假有形而言尒

人各有形，形以內爲吾氣之區宇，形以外吾之氣不至焉，故可立內外之名。性命乎神，天地萬物函之於虛靈而皆備，仁可以無不達，義可以無不行。氣域於形，吉凶禍福止乎其身尒，肰則命者私也；性者公也。性本無蔽，而命之戕性，惟不知其通極於性也。

或思知人不可不知天，盡其性肰後能至於命。

知人，知人道也；知天，知天性也；知性之合於天德，乃知人性之善。明者可誠，而昏皆可明，性盡則無所遇而不可盡吾性之道。蹊是而知命之通極於性。與天之命。我吉凶無心。而無非順正者。同其化矣。

○知性知天、則陰陽鬼神、皆吾分内尒、

知性者、知天道之成乎性。知天者、即性而知天之神理。知性知天、則性與天道、通極於一、健順相資、屈伸相感、陰陽鬼神之性情。皆吾所有事。而爲吾職分之所當修者矣。

○天性在人、正猶水性之在氷、凝釋雖異、爲物一也未生則此理在太虛、爲天之體性、已生則此理寓於形中、爲人之性、死則此理氣仍返於太虛、形有凝釋、氣不損益、理亦不雜、此所謂通極於道也、敔按朱子謂氷水之喻近釋、以朱張論聚散之本體不同也、說詳太和篇註中

受光有小大昏明、其照納不二也、

此亦以水喻性、形之受性、猶水之受光、水以受光爲性、人以通理爲性、有小大昏明者、氣稟尒而曲者可致、濁者可澄、其性本能受也、在學以明善而復初尒、此所謂氣有昏明、不足以蔽之、

○天良能本吾良能顧爲有我所喪尒張子自注明天人之本無二

體天之神化存誠盡性則可備萬物於我有我者以心從小體而執功利聲色爲巳得則迷而罨之尒孟子言良知良能而張子重言良能蓋天地以神化運行爲德非但恃其空晶之體聖人以盡倫成物爲道抑非但恃其虛靈之悟故知雖良而能不逮猶之乎弗知近世王氏之學舍能而孤言知宜其疾入於異端也

○上達反天理下達徇人欲者與反天理則與天同其神化徇人欲則其違禽獸不遠矣

○性其總合兩也

天以其陰陽五行之氣生人理即寓焉而凝之爲性故有聲色臭味以厚其生有仁義禮智以正其德莫非理之所宜聲色臭味順其道則與仁義禮智不相悖害合兩者而互爲體也

命其受有則也

厚生之用有盈有詘吉凶生死因之此時位之不齊人各因所遇之氣而受之百年之內七尺之形所受者止此有則而不能過

不極總之要則不至受之分

極總之要者知聲色臭味之則與仁義禮智之體合一於當然之理當然而然則正德非以傷生而厚生者期於正德心與理一而知吾時位之所值道卽在是窮通壽夭皆樂天而安土矣若不能合一於理而吉凶相感則怨尤之所以生也

盡性窮理而不可變、乃吾則也。

性無所不可盡、故舜之於父子、文王之於君臣、極乎仁義而無不可盡。唯其於理無不窮、故吉凶生死道皆行焉。所遇者變、而誠不變、吾之則無往而非天則。非若命之有則、唯所受而不能越也。

天所自不能已者、謂命、不能無感者、謂性、

萬類靈頑之不齊、氣運否泰之相乘、天之神化廣大、不能擇其善者、而已其不善者、故君子或窮、小人或泰、各因其時而受之、然其所受之中、自有使

人各得其正之理，則生理之良能，自感於倫物而必動，性質乎所受不齊之中而皆可盡，此君子之所以有事于性，無事於命也。雖然，聖人猶不以所可憂而同其無憂者，有相之道，存乎我也。

君子有事於性，無事於命，而聖人盡性以至於命，則於命不能無事，爲天廣大而無憂，聖人盡人道，不可同其無憂，故頑嚚必格，知其不可而必爲，是以受人之天下而不爲泰，匹夫行天子之事而不

恤罪我相天之不足以與萬物合其吉凶又存乎盡性之極功而合兩所以協一也

○湛一氣之本

太虛之氣無同無異妙合而爲一人之所受即此氣也故其爲體湛定而合一湛則物無可撓一則無不可受學者苟能凝肰靜存則湛一之氣象自見非可以聞見測知也

攻取氣之欲

物而交于物則有同有異而攻取生矣

口腹於飲食，鼻舌於臭味，皆攻取之性也。

氣之與神合者，固湛一也，因形而發，則有攻取，以其皆爲生氣自然之有，故皆謂之性，生以食爲重，故言飲食臭味，以該聲色貨利。

知德者屬厭而已，

性有之不容絕也，知德者知吾所得於天之不繫於此，則如其量，以安其氣而攻取息，

不以嗜欲累其心，不以小害大末喪本焉尒。

心者湛一之氣所含，湛一之氣統氣體而合於一

故大、耳目口體成形而分有司、故小、是以鼻不知味、口不聞香、非其所取則攻之、而一體之間性情相隔、愛惡相違、況外物乎、小體末也、大體本也、

○心能盡性、人能弘道也、性不知撿其心、非道弘人也、

天理之自然、爲太和之氣、所體物不遺者爲性、凝之於人、而函於形中、因形發用以起知能者爲心、性者天道、心者人道、天道隱而人道顯、顯故充惻隱之心而仁盡、推羞惡之心而義盡、弘道者資心

以效其能也。性則與天同，其無爲不知制其心也。故心放而不存，不可以咎性之不善。

○盡其性能盡人物之性，至於命者亦能至人物之命。

牛之穿而耕，馬之絡而乘，蠶之繰而絲，木之伐而薪，小人之勞力以養君子，效死以報君國，豈其性然哉？其命然尒。至於命，則知命以樂天，取於人物者有節，不淫而殺生，皆敦乎仁。立命以相天，治夫人物者裁成有道，而茂對咸若，其化人物之命皆自我而順正矣。

莫不性諸道、命諸天、敔按性諸道、言人物之性、莫非道、命諸天、言人物之命、莫非天、

上智下愚、有昏明而無得喪、禽獸於人、有偏全而

無違離。知皆性諸道、故取諸人以爲善。聖不棄愚。

觀於物以得理。人不棄物。知其皆命諸天、則秩叙

審而親疎上下各得其理。節宣時而生育肅殺各

如其量。聖人所以體物不遺、與鬼神合其吉凶。能

至人物之命也。

我體物未嘗遺、物體我、知其一不遺也、敔按物體我、猶言物以我爲體、

能體物、則人物皆以我爲體、不能離我以爲道。必依我之綏以爲來。動以爲和。九族睦。百姓昭。黎民變。鳥獸草木咸若。物無有能遺我者。

至於命。然後能成己成物、不失其道、己無不誠、則循物無違、而與天同化、以人治人、以物治物、各順其受命之正。雖不能知者、皆可使繇萬物之命自我立矣。所以然者、我與人物莫不性諸道。命諸天。無異理也。

○以生爲性、既不通晝夜之道、且人與物等、故告子

之妄不可不詆

知覺運動、生則盛、死則無能焉、性者天理流行氣聚則凝於人、氣散則合於太虛、晝夜異而天之運行不息、無所謂生滅也、如告子之說則性隨形而生滅、是性因形發、形不自性、成矣、曰性善者專言人也、故曰人無有不善、犬牛之性、天道廣大之變化也、人以爲性、則無所不爲矣、

○性於人無不善、

乾道變化、各正性命、理氣一源、而各有所合於天

無非善也而就一物言之則不善者多矣唯人則全具健順五常之理善者人之獨也

繫其善反不善反而已

攻取之氣遂物而往恒不知反善反者應物之感不爲物引以厺而斂之以體其湛一則天理著矣此操存舍亡之幾也

過天地之化不善反者也

食色以滋生天地之化也如其受命之則而已恃其攻取之能而求盈則湛一之本迷而不復

命於人無不正、

天有生殺之時、有否泰之運、而人以人道受命則窮通禍福皆足以成仁取義無不正也、

繫其順與不順而已、

盡其道而生死皆順也、是以舜受堯之天下若固有之、孔子畏於匡戹於陳蔡而無憂、

行險以徼幸、不順命者也、

故必盡性而後可至於命

○形而後有氣質之性、

氣質者氣成質而質還生氣也氣成質則氣凝滯而局於形取資於物以滋其質質生氣則同異攻取各從其類故耳目口鼻之氣與聲色臭味相取亦自然而不可拂違此有形而始然非太和絪緼之氣健順之常所固有也舊說以氣質之性爲昏明強柔不齊之品與程子之說合今按張子以昏明強柔得氣之偏者繫之才而不繫之性故下章詳言之而此言氣質之性蓋孟子所謂口耳目鼻之於聲色臭味者爾蓋性者生之理也均是人也

則此與生俱有之理，未嘗或異。故仁義禮知之理，下愚所不能滅，而聲色臭味之欲，上智所不能廢，俱可謂之爲性。而或受于形而上，或受于形而下，在天以其至仁滋人之生，成人之善，初無二理，但形而上者，爲形之所自生，則動以清，而事近乎天；形而後有者，資形起用，則靜以濁，而事近乎地。形而上者，亘生死，通晝夜，而常伸，事近乎神；形而後有者，困於形而固，將竭，事近乎鬼，則一屈一伸之際，理與欲皆自然，而非繇人爲，故告子謂食色爲性亦不可謂爲非性而特不知有天命之良能尒若夫才之不齊則均是人而差等萬殊非合兩而爲天下所大總之性性則統乎人而無異之謂善反之則天地之性存焉

天地之性太和絪縕之神健順合而無倚者也即此氣質之性如其受命之則而不過勿放其心以徇小體之攻取而仁義之良能自不可揜蓋仁義禮智之罨於已者類爲聲色臭味之所奪不則其安佚而惰於成能者也制之有節不以從道而奚

從乎天地之性，原存而未去；氣質之性，亦初不相悖害；屈伸之間，理欲分馳，君子察此而已。

故氣質之性，君子有弗性者焉。

弗性，不據爲已性而安之也。此章與孟子之言相爲發明，而深切顯著，乃張子探本窮歸之要旨，與程子之言自別，讀者審之。

○人之剛柔緩急，有才與不才，氣之偏也。

昏明強柔敏鈍靜躁，因氣之剛柔緩急而分，於是而智愚賢不肖若自性成，故荀悅、韓愈有三品之說其實才也非性也性者氣順理而生人自未有形而有形成乎其人則固無惡而一於善陰陽健順之德本善也才者成形於一時升降之氣則耳目口體不能如一而聰明幹力因之而有通塞精粗之別乃動靜闔闢偶肰之機所成也性藉才以成用才有不善遂累其性而不知者遂咎性之惡此古今言性者皆不知才性各有從來而以才爲性尒商臣之蠭目豺聲才也象之傲而見舜則忸怩性也舜能養象楚頵不能養商臣尒居移氣養

移體氣體移則才化若性則不待移者也才之美者未必可以作聖才之偏者不迷其性雖不遠合於聖而固舜之徒矣程子謂天命之性與氣質之性爲二其所謂氣質之性才也非性也張子以耳目口體之必資物而安者爲氣質之性合於孟子而別剛柔緩急之殊質者爲才性之爲性乃獨立而不爲人所亂蓋命於天之謂性成於人之謂才靜而無爲之謂性動而有爲之謂才性不易見而才則著是以言性者但言其才而性隱張子辨性

之功大矣哉敬按動而有爲之謂才才所謂心之官也心之體爲性心之用爲情心之官爲才

天本參和不偏養其氣反之本而不偏則盡性而天矣

天與性一也天無體即其資始而成人之性者爲體參和太極陰陽三而一也氣本參和雖因形而發有偏而不善而養之以反其本則即此一曲之才盡其性而與天合矣養之則性現而才爲用不養則性隱而惟以才爲性性終不能復也養之之

道沈潛柔友剛克高明強弗友柔克致者所以裁成而矯其偏若學者之自養則惟盡其才於仁義中正以求其熟而擴充之非待有所矯而後可正故教能止惡而誠明不倚于教人皆可以爲堯舜人皆可以合於天也

性未成則善惡混故亹亹而繼善者斯爲善矣

成猶定也謂一以性爲體而達其用也善端見而繼之不息則終始一於善而性定矣蓋才雖或偏而性之善者不能盡揜有時而自見惟不能分別

善者以歸性，偏者以歸才，則善惡混之說所以疑性之雜而迷其真。繼善者，因性之不容揜者察識而擴充之才，從性而純善之體現矣，何善惡混之有乎？

惡盡亡，則善因以亡，故舍曰善而曰成之者性。

惡盡亡，謂知性之本無惡，而不以才之偏而未嘗昏蔽其性也。善惡相形而著，無惡以相形，則善之名不立，故易言繼之者善，成之者性，分言之而不曰性善。反才之偏而恰合於人，以其可欲而謂之善矣善者因事而見非可以盡太和之妙也抑殆孟子言天之降才不殊而張子以才爲有偏似與孟子異矣蓋陷溺深則習氣重而並屈其才陷溺未深而不知存養則才伸而屈其性故孟子又言爲不善非才之罪則爲善亦非才之功可見是才者性之役全者不足以爲善偏者不足以爲害故困勉之成功均於生安學者當專于盡性勿恃才之有餘勿諉才之不足也

○德不勝氣性命於氣德勝其氣性命於德

繼善而得其性之所固有曰德此言氣者謂偏氣成形而氣即從偏發用者也勝氣者反本而化其偏也德不至而聽才氣之所爲則任其一偏之爲而或廸或逆善惡混而吉凶亦無據矣以善之純養才於不偏則性焉安焉於德而吉無不利則皆德之所固有此至於命而立命也

窮理盡性則性天德命天理

與天同德則天之化理在我矣

氣之不可變者獨死生修夭而已

氣成乎形體之強弱、形則凝滯而不可變、故距壽而顏夭、

故論殀生、則曰有命、以言其氣也、

形氣之厚薄、不可變也、

語富貴、則曰在天、以言其理也、

理御氣而可變者也、

此大德所以必受命、易簡理得而成位乎天地之中也、

易簡乾坤之德、所謂天德、成位乎中者、君師天下

而參贊天地。

所謂天理也者，能悅諸心、能通天下之志之理也、能使天下悅且通則天下必歸焉、

天之聰明自民、能通天下之志而悅之、人歸即天與、此天命之實理固然也。

不歸焉者、所乘所遇之不同、如仲尼與繼世之君也、仲尼不遇堯舜之薦、無可乘之權、故德不加于天下、民不知歸、而繼世之君、非桀紂之無道、尚能有其位、

舜禹有天下而不與焉者、正謂天理驯致非氣稟當然、非志意所與也、

舜禹未嘗受天子之命、於初生之氣稟唯以德驯致之、窮理盡性而命卽理於斯著矣然理至而命自至、固無欲得之心、自無或爽之命、理則然也、必曰舜禹云者、非乘勢則求焉者也、

繼世之君、乘勢而有天下、命乎氣也、湯武則未嘗無求之之心、非與天通理、故可曰俟命而不可曰至于命、有天下而不與、則以德驯致而無心所以

合一於神化。此明天子之位、舜禹能以其德馴致、則吉凶禍福。何不自我推移。而時非有心爲善以徼福者之所能與也。

○利者爲神、滯者爲物、皆氣之爲也、其本體之清微者無性而不通、不疾而速、及其聚而成象、又聚而成形、則凝滯而難於推致矣。

是故風雷有象、不速於心、心禦見聞、不弘於性、

風雷無形而有象、心無象而有覺、故一舉念而千

聖之境事現於俄頃速於風雷矣心之情才雖無形無象而必依所嘗見聞者以爲影質見聞所不習者心不能現其象性則純乎神理凡理之所有皆性性之所函寂然不動之中萬象賅存無能禦也是以天之命物之性本非志意所與而能盡其性則物性盡天命至有不知其所以然者而無不通蓋心者翕闢之幾茂無定者也性者合一之誠皆備者也

○上智下愚習與性相遠既甚而不可變者也

氣之偏者、才與不才之分而已。無有人生而下愚、以終不知有君臣父子之倫、及穿窬之可羞者。世教衰、風俗壞、才不逮者染於習、尤易遂日遠於性而後不可變、象可格、而商臣終於大惡、習遠甚而成乎不移、非性之有不移也。

○纖惡必除、善斯成性矣。察惡未盡、雖善必粗矣。

性無不善、有纖芥之惡則性即爲蔽、故德之已盛猶加察於幾微。此虞書於精一執中之餘、尤以無稽無詢爲戒。爲邦於禮明樂備之後、必於鄭聲佞

人致謹也心無過而身猶有之則不能純粹以精以成乎性焉安焉之聖德也

○不識不知順帝之則有思慮識知則畧其大矣思慮者逆詐億不信之小慧識知者專巳保殘之曲學天即理也私意雖或足以知人而成事而不能通於天理之廣大與天則相違者多矣張子此言與老釋相近而所指者不同學者辨之

君子所性與天地同流異行而巳焉

一於天理之自然則因時合義無非帝則矣異行

者裁成天地之道輔相天地之宜自成其能也

○在帝左右察天理而左右也

無不在之謂察左右者與時偕行而無所執也

天理者時義而已

理者天所昭著之秩序也時以通乎變化義以貞其大常風雨露雷無一成之期而寒暑生殺終於大信君子之行藏刑賞因時變通而協于大中左宜右有皆理也所以在帝左右也

君子教人舉天理以示之而已其行已也述天理而

時措之也。

小慧所測、記問所得、不恃以爲學。誨所明者、一以其誠而已。誠者、天理之實然、無人爲之僞也。

○和樂、道之端乎。

和者、於物不逆。樂者、於心不厭。端、所自出之始也。道本人物之同得、而得我心之悅者。故君子學以致道。必平其氣、而欣於有得、乃可與適道。若操一求勝于物之心、而視爲苦難、早與道離矣。下章言誠言敬、而此以和樂先之、非和樂則誠敬局隘而

易於厭倦故能和能樂爲誠敬所自出之端
和則可大樂則可久天地之性久大而已矣
不氣矜以立異則時無不可行物無不可受不疲
形以厭苦則終食無違終身不厺和樂者適道之
初心而及其至也則與天地同其久大矣性體性
也大虛之體絪緼大和是以聚散無恒而不窮於
運孔子之學不厭教不倦人皆可學而不能幾聖
其用情異也
○莫非天也

耳目口體之攻取、仁義禮智之存發、皆自然之理、天以厚人之生而立人之道者也、

陽明性、則德性用、陰濁勝、則物欲行、

陽動而運乎神、陰靜而成乎形、神成性、形資養、凡物欲之需、皆地產之陰德、與形相滋益者也、氣動而不凝滯於物、則怵惕惻隱之心、無所礙而不窮於生、貪養不已、馳逐物欲、而心之動幾息矣、

領惡而全好者、其必由學乎

好善惡惡、德性也、領者順其理而挈之也、陽明之

德剛健而和樂、陰濁則荏苒而賊害以攻取於物、欲澄其濁而動以清剛則不可以不學學者用神而以忿形之累日習於理而欲自遏此道問學之所以尊德性也

○不誠不莊、可謂之盡性窮理乎、釋氏以天理爲幻妄、則不誠、莊生以逍遥爲天遊、則不莊、皆自謂窮理盡性、所以賊道、性之德也、未嘗僞且慢、故知不免乎僞慢者、未嘗知其性也、

性受於天理之實，然何僞之有。雖居靜而函萬化以不息，何慢之有。若王介甫之雜機巧，蘇子瞻之好驕樂，皆自言知性，所知者釋氏、莊生之所謂性也，恍忽無實而淌洋自廢之浮氣也。居處恭，執事敬，與人忠，乃以體性之誠，心恒存而性顯，則不待推求而知之眞矣。

○勉而後誠莊，非性也，

勉強則志困而氣疲，求其性焉安焉，未能也。

不勉而誠莊，所謂不言而信，不怒而威者與。

勉者存其迹，不勉者存其神。存神之至，與天地同其信，威。中庸言勉强則成功一，而張子以勉爲非性，似過高而不切於學者，乃釋此篇之旨，先言和樂而後言誠莊，則學者適道之始，必以和樂之情，存誠而莊莅，然後其爲誠莊也可繼，馴而致之聖人之至善合天，不越乎此。蓋中庸所言勉强者，學問思辨篤行之功，固不容已於勉强，而誠莊乃靜存之事，勉强則居之不安，而涉於人爲之僞，且勉强之功，亦非和樂則終不能勉。養蒙之道，通於聖

功苟非其本心之樂爲強之而不能以終日故學者在先定其情而教者尊之以順古人爲教先以勺象其此意歟

○生直理順則吉凶莫非正也

義不當死則愼以全身義不可生則決於致命直也氣常伸而理不可屈天所命人之正者此也

不直其生者非幸福於回則免難於苟也

處安平而枉以幸福必臨難而苟於求免憑氣數之偶然幸而得福者有矣以正言之刑戮之民爾

○屈伸相感而利生感以誠也

屈則必伸伸則必屈善其屈以裕其伸節其伸所以安其屈天地不息之誠太和不偏之妙也人能以屈感伸斂華就實而德自著以伸感屈善其得者善其喪皆體天地自然之實理修身俟命而富貴不淫貧賤不屈夭壽不貳用無不利矣

情僞相感而利害生雜之僞也

情實也事之所有爲情理之所無爲僞事可爲而即爲而不恤其非理之實以事起事以名邀名以

利害利利則雖事或實然而雜之以妄幸而得利害亦伏焉

至誠則順理而利偽則不循理而害順性命之理則所謂吉凶莫非正也逆理則凶爲自取吉其險幸也誠者吾性之所必盡天命之大常也順之則雖凶而爲必受之命逆則雖幸而得吉險道也險則未有不危者故比干死而不與惡來同其誅曹丕司馬昭雖竊大位而禍延於世不可以屈伸之數幸事之或有而不恤理之本無也此章釋易傳之旨

而決之於義利之分、爲天道物理之恒、人倫存亡之防、其言深切、學者近取而驗吾心應感之端、決之於幾微、善惡得失、判爲兩途、當無所疑矣。

○莫非命也、順受其正、順性命之理、則得性命之正、滅理窮欲、人爲之招也。

性命之理、本無不正、順之則當其伸而自天佑之、當其屈、而不媿于天、若滅理窮欲以徼幸者、非其性之本然、命之當受、爲利害之感所搖惑而致尒、

大心篇

此上六篇、極言天人神化性命之理。自此以下三篇。乃言學者窮理精義之功。明乎道之所自出。則功不妄。反諸學之所必務。則理不差。君子之道所以大而有實也。此篇乃致知之要。下二篇乃篤行之實。知之至而後行無不得。又學者知止之先資也。

大其心、則能體天下之物、物有未體、則心爲有外、

大其心、非故擴之使遊於荒遠也、天下之物、相感

而可通者吾心皆有其理、唯意欲蔽之則小尒、蘇其法象推其神化達之於萬物一源之本則所以知明處當者條理無不見矣天下之物皆用也吾心之理其體也盡心以循之則體立而用自無窮

世人之心止於聞見之狹、聖人盡性不以見聞梏其心、其視天下無一物非我、

聞見習也、習之所知者善且有窮況不善乎盡性者、極吾心虛靈不昧之良能舉而與天地萬物所從出之理合而知其大始則天下之物與我同源

而待我以應而成。故盡孝而後父爲吾父、盡忠而後君爲吾君、無一物之不自我成也。非感於聞見觸名思義、觸事求通之得謂之知能也、

孟子謂盡心則知性知天、以此、

朱子謂知性乃能盡心、而張子以盡心爲知性之功、其說小異、然性處於靜而未成法象、非盡其心以體認之、則偶有見聞、遂據爲性之實、然此天下之言性者、所以鑿也。

天大無外、故有外之心、不足以合天心、

心不盡則有外、一曲乍得之知、未嘗非天理變化之端、而所遺者多矣。

見聞之知、乃物交而知、非德性所知。

天下有其事而見聞乃可及之、故有堯有象有瞽瞍有舜有文王幽厲、有三代之民、事迹已著之餘傳聞而後知、遂挾以證性、知爲之梏矣。德性之知循理而及其原、廓然於天地萬物大始之理、乃吾所得於天而即所得以自喻者也。

德性所知、不萌於見聞。

萌若所從生之始也見聞可以證于知已知之後而知不因見聞而發德性誠有而自喻如暗中自指其口鼻不待鏡而悉

○由象徇心徇象喪心

物之有象理即在焉心有其理取象而證之無不通矣若心所不喻一繇於象而以之識心則徇象之一曲而喪心之大全矣故乍見孺子入井可識惻隱之心然必察識此心所從生之實而後仁可喻若但據此以自信則象在而顯象去而隱且有

如齊王全牛之心。反求而不得者矣。

知象者心。存象之心。亦象而已。謂之心可乎。

知象者本心也。非識心者象也。存象於心而據之爲知。則其知者象而已。象化其心。而心唯有象。不可謂此爲吾心之知也明矣。見聞所得者象也。知其器。知其數。知其名。亦若吾心所以制之之義。豈彼之所能昭著乎。

○人謂已有知。由耳目有受也。受聲色而能知其固然。因恃爲己知。而不察知所

從生陋矣

人之有受由內外之合也

耳與聲合目與色合皆心所翕闢之牖也合故相知乃其所以合之故則豈耳目聲色之力哉故輿薪過前羣言雜至而非意所屬則見如不見聞如不聞其非耳目之受而即合明矣

知合內外於耳目之外則其知也過人遠矣

合內外者化之神也誠之幾也以此為知則聞之見之而知之審不聞不見而理不亡事即不隱此

存神之妙也

○天之明莫大於日，故有目接之，不知其幾萬里之高也；天之聲莫大於雷霆，故有耳屬之，莫知其幾萬里之遠也；天之不禦莫大於太虛，故心知廓之，莫究其極也。敔按：幾萬里之遠也，萬當作百。

言道體之無涯，以耳目心知測度之，終不能究其所至。故雖日之明、雷霆之聲爲耳目所可聽覩，而無能窮其高遠；太虛寥廓分明可見，而心知固不能度，況其變化難知者乎？是知耳目心知之不足

以盡道而徒累之使疑尒心知者緣見聞而生其知非真知也

人病其以耳目見聞累其心而不務盡其心

盡其心者盡心之本知

故思盡其心者必知心所從來而後能

心所從來者日得之以爲明雷霆得之以爲聲太虛絪緼之氣升降之幾也於人則誠有其性即誠有其理自誠有之而自喻之故靈明發爲耳目見聞皆其所發之一曲而函其全於心以爲四應之

眞知知此則見聞不足以累其心而適爲獲心之助廣大不測之神化無不達矣此盡性知天之要也

○耳目雖爲性累、然合內外之德、知其爲啟之要也、累者、累之使禦於見聞之小爾、非欲空之而後無累也內者心之神外者物之法象法象非神不立神非法象不顯多聞而擇、多見而識、乃以啟發其心思而會歸於一又非徒恃存神而置格物窮理之學也此篇力辨見聞之小而要歸於此張子之

學所以異於陸王之孤僻也

○成吾身者天之神也不知以性成身而自謂因身發智貪天功爲己力吾不知其知也其知之知去聲身謂耳目之聰明也形色莫非天性故天性之知繇形色而發智者引聞見之知以窮理而要歸於盡性愚者限於見聞而不反諸心據所窺測恃爲眞知狥欲者以欲爲性耽空者以空爲性皆聞見之所測也

民何知哉因物同異相形萬變相感耳目內外之合

貪天功而自謂己知尒、

形之所發、莫非天也、物變之不齊、亦莫非天也、兩相攻取、而順逆之見生焉、若能知性知天、則一理之所貫通、有眞是、而無待是非之兩立、以相比擬、因天理之固然、而不因乎聞見、則無恃以自矜其察矣、待有幽厲而始知文武之民善、待烏喙之毒而始知菽粟之養、乎同異萬變、倏得倏失、不足爲知也明矣、

○體物體身、道之本也、

萬物之所自生，萬事之所自立，耳目之有見聞，心思之能覺察，皆與道爲體。知道而後外能盡物，內能成身，不肰則徇其末而忘其本矣。

身而體道，其爲人也大矣。

視聽言動，無非道也，則耳目口體全爲道用，而道外無徇物自恣之身，合天德而賓大肆應矣。

道能物身，故大；不能物身而累於身，則藐乎其卑矣。

物身者，以身爲物而爲道所用，所謂以小體從大體而爲大人也。不以道用其耳目口體之能而從

嗜欲以沈溺不反、從記誦以玩物喪志、心盡于形器之中、小人之所以卑也、

○能以天體身、則能體物也不疑、

天不息而大公、一於神、一於理、一於誠也、大人以道爲體、耳目口體無非道用、則入萬物之中、推己即以盡物、循物皆得於己、物之情無不盡、物之才無不可成矣、

○成心忘、然後可與於道、（張子自注：成心者、私意也）

成心者、非果一定之理不可奪之志也、乍然見聞

所得未必非道之一曲而不能通其感於萬變猶同毀異强異求同成乎己私違大公之理恃之而不忘則執一善以守之終身不復進矣萬世不易之常經通萬變而隨時得中學者即未能至而不恃其習成之見知有未至之境則可與適道而所未至者皆其可至者也

○化則無成心矣

大而化之則心純乎道盡無方無體之理自無成心

成心者、意之謂與、

意者、心所偶發執之則爲成心矣聖人無意、不以意爲成心之謂也蓋在道爲經在心爲志志者始於志學而終於從心之矩一定而不可易者可成者也、意則因感而生、因見聞而執、同異攻取、不可恒而習之爲恒、不可成者也故曰學者當知志意之分

○無成心者、時中而已矣、

中無定在、而隨時位之變皆無過不及之差意不

得而與焉

○心存無盡性之理、故聖不可知謂神、張子自注此章言心者亦指私心爲言也

心存、謂成心未忘也、性爲神之體、而統萬善、若以私意爲成心、則性之廣大深微、不能盡者多矣、楊之義、墨之仁、申之名、韓之法、莫非道之所可、而底乎性之偏、惟挾之以爲成心、而不能極道之深、充道之廣也、盡性而無成心、則大人以下有所執以爲善者、皆不測其時行時止、進退勸威之妙、蓋聖

人之神超然知道之本原以循理因時而已敬按不可知者謂大人以下皆不能測之也

○以我視物則我大視聽之明可以攝物心知之量可以受物於是而可以知物之不足而我之有餘則不徇物以自替其大矣

以道體物我則道大物與我皆氣之所聚理之所行受命於一陰一陽之道而道爲其體不但夫婦鳶魚爲道之所昭著

而我之心思耳目、何莫非道之所凝承而爲道效其用者乎。唯體道者能以道體物我、則大以道而不以我。

故君子之大也、大於道、大於我者、不免狂而已。於道無不體、則充實光輝而大矣、狂者見我之尊而卑萬物、不屑狗物以爲功名而自得、乃考其行而不揜、則亦耳目心思之曠達而已。

○燭天理、如向明、萬物無所隱、

燭天理者、全體而率行之、則條理萬變、無不察也。

萬象之情狀，以理驗其合離，則得失吉凶，不待逆億而先覺。

窮人欲，如專顧影間，區區一物之中爾。

形蔽明而成影，人欲者，爲耳目口體所蔽，而窒其天理者也，耳困于聲，目困于色，口困于味，體困于安，心之靈，且從之而困於一物，得則見美，失則見惡，是非之準，吉凶之感，在眢墟而不知，此物大而我小，下愚之所以陷溺也。此章直指智愚之辨，窮本推源，最爲深切，尤學者之所宜知警也。

釋氏不知天命而以心法起滅天地。

天命太和絪縕之氣，屈伸而成萬化，氣至而神至，神至而理存者也。釋氏謂心生種種法生，心滅種種法滅，置之不見不聞，而即謂之無天地，本無起滅，而以私意起滅之，愚矣哉。

以小緣大，以末緣本，其不能窮而謂之幻妄，真所謂疑冰者與。（張子自注）夏蟲疑冰，以其不識。

小謂耳目心知見聞覺知之限量，大者清虛一大之道體，末者散而之無，疑於滅，聚而成有，疑於相緣以起而本無生惟不能窮夫屈伸往來於太虛之中者實有絪緼太和之元氣函健順五常之體性故直斥爲幻妄已所不見而謂之幻妄眞夏蟲不可語冰也蓋太虛之中無極而太極充滿兩間皆一實之府特視不可見聽不可聞尒存神以窮之則其富有而非無者自見緣小體視聽之知則但見聲色俱泯之爲無極而不知無極之爲太極其云但願空諸所有旣云有矣我烏得而空之不願實諸所無若其本無又何從可得而實之惟其

作離人欲而未見夫天理故以人欲之妄槩天理之眞而非果有賢知之過亦愚不肖之不及而已

○釋氏妄意天性而不知範圍天用

其直指人心見性妄意天性不知道心而以惟危之人心爲性也天用者升降之恒屈伸之化皆太虛一實之理氣成乎大用也天無體用卽其體範圍者大心以廣運之則天之用顯而天體可知矣敔按中庸云天地之道博也厚也高也明也悠也久也正所謂天無體用卽其體也

反以六根之微因緣天地明不能盡則誣天地日月

爲幻妄，蔽其用於一身之小，溺其志於虛空之大，萬化之屈伸，無屈不伸，無伸不屈，耳目心知之微明，驚其所自生，以爲漚合，疑其屈而歸於無，則謂凡有者畢竟歸空，而天地亦本無實有之理氣，但從見病而成眚，其云同一雨而天僊見爲寶，羅刹見爲刀，乃盜賊惡月明，行人惡雨濘之偷心，亦是蔽其用於耳目口體之私情，以已之利害爲天地之得喪，因欲一空而銷隕之，遂謂一眞法界本無一物，則溺其志以求合，而君父可滅，形體可毀，皆

其所不恤已、

所以語大語小、流遁失中、其過於大也、塵芥六合、其蔽於小也、夢幻人世、

以虛空爲無盡藏、故塵芥六合、以見聞覺知所不能及爲無有、故夢幻人世、

謂之窮理可乎、不知窮理而謂盡性可乎、謂之無不知可乎、

夢幻無理、故人無有窮究夢幻者、以人世爲夢幻則富有日新之理、皆可置之不思不議矣、君可非

吾君矣。父可非吾父矣。天理者性之據。此之不恤。是無性矣。故其究竟以無生爲宗。而欲斷言語絶心行。茫然一無所知。而妄謂無不知。流遁以護其愚悍。無所不至矣。

塵芥六合。謂天地爲有窮也。如華藏世界等說是也。不知法界安立於何所。其愚蚩適足哂而已。

夢幻人世。明不能究所從也。不能究所從者。不知太和絪緼之實。爲聚散之府。

則疑無所從生、而惟心法起滅、故立十二因緣之說、以無明爲生死之本、統而論之、流俗之狥欲者以見聞域其所知也。釋氏之邪妄者、據見聞之所窮而遂謂無也。致知之道、惟在遠此二愚、大其心以體物體身而已、

中正篇

此篇博引論語孟子之言以著作聖之[illegible]終之以教者善誘之道其云中道者即堯舜以來相傳之極致大學所謂至善也學者下學立心之始即以此爲知止之要而求得焉不可疑存神精義爲不可企及而自小其志量也

中正然後貫天下之道

不倚之謂中得其理而守之不爲物遷之謂正中正則奉天下之大本以臨事物大經審而物不能

彖

外天下之道貫於一矣有成心者有所倚猶見聞
者必屢遷雖其非存大中而守至正故與道多違
此君子之所以大居正也
居者存之於心待物之來而應之
蓋得正則得所止得所止則可以弘而至於大
所止者至善也事物所以然之實成乎當然之則
者也以健順之大常爲五常之大經擴之則萬事
萬物皆效法焉而至於大矣
樂正子顏淵知欲仁矣

仁者生物之理以此生則各凝之爲性而終身率繇條理暢遂無不弘焉是性命之正不倚見聞之私不爲物欲所遷者也知欲仁則志於仁矣

樂正子不致其學足以爲善人信人志於仁無惡而已

學所以擴其中正之用而弘之者也學雖未弘而志於仁抑可以無惡者蓋夫人之心善則欲惡則惡情之所然即二氣之和大順而不可逆者也惻然有動之心發生於太和之氣故苟有諸己人必

欲之合天下之公欲不違二氣之正乖戾之所以化也

顔子好學不倦、合仁與智具體聖人、獨未至聖人之止爾、

顔子之好學、不遷怒、不貳過、養其心以求化於迹則既志於仁抑能通物理之變而周知之具聖人之體矣、未極乎高明廣大至善之境以貞萬物於一原故未造聖人之極致

○學者中道而立、則有仁以弘之、仁坊本作位者誤

中道者，大中之矩，陰陽合一，周流於屈伸之萬象，而無偏倚者，合陰陽、健順、動靜於一而皆和，故周子曰「中也者和也」。中庸自其存中而後發之和言之，則中其體也，和其用也，自學者奉之爲大本以立於四達之道言之。本乎太和而成無過不及之節，則和又體而中其用也。仁者，中道之所顯也。靜而能涵吾性之中，則天理來復，自然發起而生惻隱之心，以成天下之用，道自弘矣。

無中道而弘，則窮大而失其居。

老之虛、釋之空、莊生之逍遥、皆自欲弘者、無一實之中道。則心滅而不能貫萬化矣。

失其居則無地以崇其德、與不及者同、

苟欲弘而失其居、則視天下皆非吾所安之土、故其極至於恤私而蔑君親、縱欲而習放誕以爲不繫不留、理事皆無礙而是非不立、與不肖者之偷汚等矣、

此顏子所以克己研幾、必欲用其極也、

極、中道也、克己則不徇耳目之見聞而爲所固蔽。

研幾則審乎是非之微，知動靜之因，微成著而見天地之心，顏子知用中道之極以求仁，故仁將來復。

未至聖而不已，故仲尼賢其進；未得中而不居，故惜夫未見其止也。

不居未能居也，居居之安，則不思不勉而與天同其化矣，未見其止者，顏子早夭，故不及止於至善也。

○大中至正之極，文必能致其用，約必能感而通。

大中者，無所不中；至正者，無所不正；貫天下之道者也文有古今質文之異而用之皆宜非博辨而不適於用約以禮修之於己無心於物物無不應蓋文與禮一皆神化所顯著之迹陰陽剛柔仁義自然之秩叙不倚於一事一物而各正其性命者也

未至於此其視聖人恍惚前後不可爲之像此顏子之歎乎

神化之理散爲萬殊而爲文麗於事物而爲禮故聖人教人使之熟習之而知其所繇生乃所以成

乎文與禮者、人心不自已之幾神之所流行也。聖人存神隨時而處中、其所用以感天下者、以大本行乎達道、故錯綜變化、人莫能測、顏子之歎以此。如禮記所載拱而尚左之類、亦文與禮之易知易從者、得其時中、而人且不知、亦可以思聖人義精仁熟、熟而入化之妙矣。

○可欲之謂善、志仁則無惡也。

無惡則不拂人之性、而見可欲。

誠善於心之謂信。

有諸己者誠自信於心也

充內形外之謂美

義理足乎日用德純一致無疵類曰美

塞乎天地之謂大

天地之間事物變化得其神理無不可彌綸者能以神御氣則神足以存氣無不勝矣

大能成性之謂聖

大則無以加矣熟之而不待擴充全其性之所能而安之以成乎固然不待思勉矣

天地同流陰陽不測之謂神

神者聖之大用也合陰陽於一致進退生殺乘乎時而無非天理之自然人不得以動靜剛柔仁義之迹測之聖之神也六者以正志爲入德之門以存心立誠爲所學之實以中道貫萬理爲至善之止聖與神則其熟而馴致者也故學者以大心正志爲本

○高明不可窮博厚不可極則中道不可識蓋顏子之歎也

窮高明者達太虛至和之妙而理之所從出無不知也極博厚者盡人物之逆順險阻皆能載之而無所拒也窮高明則文皆致用極博厚則禮能感通而後天下之富有皆得其大中之矩以貫萬理顏子彌高彌堅之歎非後心於高堅所以求中道爾不窮高明不極博厚而欲識中道非偏則妄矣

○君子之道成身成性以爲功者也

身者道之用性者道之體合氣質攻取之性一爲道用則以道體身而身成大其心以盡性熟而安

焉則性成身與性之所自成者天也人爲蔽之而不成以道體天而後其所本成者安之而皆順君子精義研幾而化其成心所以爲作聖之實功也未至於聖皆行而未成之地尒欲罷不能而未熟私意或閒之也行而不息則成矣

○大而未化未能有其大化而後能有其大與時偕行而無不安然後大無所禦以天地萬物一體爲量而有任之之意有則動止進退必有所

礙不能全其大矣任之之意即有思勉有方體也

○知德以大中爲期可謂知至矣

大中者陰陽合德屈伸合機萬物萬理之大本也知之而必至於是以爲止知乃至其極也

擇中庸而固執之乃至之之漸也

中庸中之用也擇者擇道心于人心之中而不以見聞之人爲襍天理之自然也固執動靜恒依而不失也擇之精執之固熟則至矣

惟知學然後能勉能勉然後日進而不息可期矣

知學知擇執以至於中也不息則成性而自能化矣不知學者俗儒以人爲爲事功異端以窮大失居爲神化故或事求可功求成而遂生其驕吝或謂知有是事便休皆放其心而不能勉雖小有得以間斷而失之

○體正則不待矯而弘

體才也才不足以成性曰正聰明強固知能及而行能守則自弘矣

不正必矯矯而得中然後可大

得中道之一實以體天德然後可備萬物之理才既偏矣不矯而欲弘則窮大失居弘非其弘矣蓋才與習相狎則性不可得而見習之所以溺人者皆乘其才之相近而遂相得故矯習以復性者必矯其才之所利不然陷於一曲之知能雖善而隘不但人欲之局促也

故致曲於誠者必變而後化（愚按此言變化與朱子中庸章句異詳後致曲不貳章）

變謂變其才質之偏化則弘大而無滯也

○極其大而後中可求、止其中而後大可有、大者中之撰也。中者大之實也。盡體天地萬物之化理而後得大本以隨時而處中。得中道而不遷。則萬化皆繇之以弘而用無不備矣。

○大亦聖之任、聖之任、亦大之至爾、雖非清和一體之偏。猶未忘於勉而大尒、伊尹耕於有莘、亦夷之清、出而五就湯五就桀、亦惠之和、可兼二子而執義已嚴。圖功已亟。皆勉也。

若聖人則性與天道、無所勉焉、

聖人謂孔子順性而自止於大中、因天道而自合其時中、不以道自任、故化不可測、伊尹之道疑於孔子而大與聖分焉、故辨之、

○無所雜者清之極、無所異者和之極、勉而清、非聖人之清、勉而和、非聖人之和、所謂聖者不勉不思而至焉者也、

伯夷柳下惠、體清和而熟之、故孟子謂之爲聖、化於清和也、伊尹大矣、而有所勉、夷惠忘乎思勉、而

未極其大清和未極其大故中不能止任者未止於中故大不能化唯孔子存神而忘迹有事於天無事於人聖功不已故臻時中之妙以大中貫萬理而皆安也

○勉蓋未能安也思蓋未能有也未能安則見難而必勉未能有必待思而得之見道於外則非己所固有而不安存神以居德則雖未即至而日與道合作聖之功其入德之門審矣

○不尊德性則學問從而不道

道謂順道而行、不遵德性、徇聞見而已、

不致廣大、則精微無所立其誠、

不弘不大、區限於一己、而不備天地萬物之實。則

窮微察幽、且流於幻妄、

不極高明、則擇乎中庸、失時措之宜矣、

不極乎形而上之道。以燭天理之自肰。則雖動必

遵道、而與時違。張子此說、與陸子靜之學相近、肰

所謂廣大高明者、皆體物不遺之實。而非以空虛

爲高廣。此聖學異端之大辨。學者愼之。

○絶四之外、心可存處、蓋必有事焉、而聖不可知也、

凡人之心、離此四者則無所用心、異端欲空此四者、而寄其心於虛寂惝怳、皆未能有事、聖人豈其其肰哉、成性存存、道義之門、非人所易知尒、

○不得已、當爲而爲之、雖殺人皆義也、

不得已者、理所必行、乘乎時位、已之則失義也

有心爲之、雖善皆意也、

有心爲者立意以求功也、

正己而物正、大人也、

大人正己而已，居大正以臨物，皆爲己也。得萬物理氣之大同，感物必通矣。

正己而正物，猶不免有意之累也。

以欲正物，故正己以正之，賢於藏身不恕者，尒而政教督責，有賢智臨人之意，物不感而憂患積矣。

有意爲善，利之也，假之也。

利者利其功，假者假其名，非義也。

無意爲善，性之也，由之也。

性成乎必然，故無意而必爲，縣者，以其存於中者率而行之也。孟子曰繇仁義行。

有意在善，且爲未盡，況有意於未善邪！

善者，人心偶動之機，類因見聞所觸，非天理自然

之誠，故不足以盡善；而意不能恒，則爲善爲惡皆

未可保，故志於仁者聖功之始，有意爲善者非辟

之原。志大而虚，含衆理；意小而滯於一偶也。

仲尼絶四，自始至成德，竭兩端之教也。

意、必、固、我，以意爲根；必、固、我者，皆其意也。無意而

後三者可絶也。初學之始，正義而不謀利，明道而

不計功及其至也義精仁熟當爲而爲與時偕行而所過者化矣聖功之始基即天德之極致下學上達一於此也

○不得已而後爲至於不得爲而止斯智矣夫不得已理所不可止義也不得爲時所未可爲命也義命合一存乎理順理以屈伸動靜智斯大矣

○意有思也未能有諸己而思及之必有待也

期待其必得。

固不化也。

事已過而不忘。

我有方也。

一方之善可據而據之。

四者有一焉則與天地爲不相似。

天地誠有。而化。行。不待有心以應物。無意施生無方。

栽培傾覆。無待於物以成德。無必四時運行。成功而不居。無固竝育竝行。無所擇以爲方體。無我四者忘則

體天矣此言成德之極致四者絕也

○天理一貫則無意必固我之鑿

隨時循理而自相貫通順其固然不鑿聰明以自用

意必固我一物存焉非誠也

鑿者理所本無妄而不誠

四者盡去則直養而無害矣

順義以直行養其中道無私妄以爲之害矣此始學之存心當絕四者也

○妄去然後得所止。意必固我皆妄也。絕之則心一於天理流行之實。而不妄動。得所止然後得所養。而進於大矣。養其所止之至善。則知此心與天地同其無方而進於大。

○無所感而起。妄也。天下無其事而意忽欲爲之。非妄而何。必固我皆緣之以成也。

感而通，誠也。

神存而誠，立誠則理可肆應，感之而遂通。

計度而知，昏也；不思而得，素也。

萬事萬物之不齊，善惡得失二端而已。大經正，大義精，則可否應違，截然分辨，皆素也。計度而知，設未有之形以料其然，是非之理不察者多矣。

○事豫則立，必有教以先之。

明善乃所以立誠，教者所以明也。

教之善，必精義以研之。

以義爲大經，研其所以肰，則物理無不察，所立之教皆誠明矣。

精義入神，肰後立斯立，動斯和矣。敔按：此言斯立斯和，與論語本文小異。後以能問不能章解私淑艾亦肰。凡此類詁，皆如張子之意而通之，不襲程朱之㫖，說見下卷作者篇。

得物情事理屈伸相感之義，以教人而當其才質，剛柔之所自別，則矯其偏而立斯立，動其天而自和，樂以受裁，竭兩端之教，所以中道而立，無貶道以徇人之理。

○志道則進據者不止矣，依仁則小者可游而不失

和矣、

進而據者德也、志道則壹其志於性天之理、其得爲眞得、愈進而愈可據、小謂藝也、和者萬事一致之理、依仁則藝皆仁之散見而知合於一貫、明非據事以爲德、游小而忘大也

○志學、然後可以適道

志學者、大其心以求肖夫道、則無窮之體、皆可繇之而至

強禮、然後可與立、

强者力制其妄敦行其節動無非禮則立身固不惑然後可與權

理一而有象有數有時有位數賾而不亂象變而不驚時變而行之有素位殊而處之有常輕重大小屈伸通一而皆齊可與權也

博文以集義集義以正經正經然後一以貫天下之道

申明不惑可權之義言博文而集義之蓄變無所疑惑則無往而不得其經之正此强禮之後立本

以親用之學經正則萬物皆備而天下之道貫於經之一故其趨不同而皆仁也權者以銖兩而定無方之重輕一以貫之之象隨時移易而皆得其平也明此則權卽經之所自定而反經合權之邪說愈不足立矣抑張子以博文之功在能立之後與朱子以格物爲始教之說有異而大學之序以知止爲始修身爲本朱子謂本始所先則志道强禮爲學之始基而非志未大立未定徒恃博文以幾明善明矣

○將窮理而不順理，將精義而不徙義，欲資深且習察，吾不知其智也。

理者，合萬化於一源，卽其固然而研窮以求其至極，則理明；乃舍其屈伸相因之條理，而別求之，則恍惚幻妄之見立，而理逆矣。義者，一事有一事之宜，因乎時位者也；徙而不執，乃得其隨時處中之大常。若執一義而求盡其微，則楊之爲我，墨之兼愛，所以執一而賊道。資深自得，則本立而應無窮；若卽耳目所習見習聞者察之，則蔽於所不及見聞。言僻而易窮。如釋氏生滅之說足以惑愚民而已。奚其智。

○知仁勇天下之達德、雖本之有差、及所以知之成之則一也、蓋謂仁者以生知以安行此五者、智者以學知以利行此五者、勇者以困知以勉行此五者、朱子之說本此、而以生安爲知、學利爲仁、則有小異、其說可通、參各有所本、要之知仁勇各有生安學利困勉之差、非必分屬三品也、

○中心安仁、無欲而好仁、無畏而惡不仁、天下一人

而已、惟責己一身當然尒、爲天下之一人、豈可槩望之天下哉、治天下以天下、而責一人之獨至於己。故養先於教、禮先於刑。所爲易從而能化也。

○行之篤者、敦篤云乎哉、如天道不已而然、篤之至也、敦篤者、奮發自强於必爲。勇之次者也。如天道不已而然、則仁者之終身無違也。以天體身。以身體道。知其不容已而何已之有。

○君子於天下、達善達不善、無物我之私、達者、通物我於一也。君子所欲者、純乎善而無不善。尒若善則專美於己。不善則聽諸物。是拒物私我而善窮於己。不善矣。循理者、共悅之、己有善則悅、人有善視之無異於己、是達善也、不循理者共改之、己有過則改、人有惡則反求自盡而化之、是達不善也、

改之者過雖在人如在己、不忘自訟、

萬方有罪、罪在朕躬、非但天子爲朕、横逆不改而三自反。所以盡己而感人也。

共悅者、善雖在己、蓋取諸人而爲、必以與人焉、己知之。待人言而行之。歸其功於人。不自有也。

善以天下。不善以天下、是謂達善達不善、

形迹化而天理流行。神化之事也。朕學者克去己私以存心。則亦何遠之有哉。

○善人云者、志於仁而未致其學、能無惡而已、君子

名之必可言也如是、

學謂窮理精義、以盡性之功、名之曰善人。則其實也。無惡之謂善。

○善人欲仁而未致其學者也、欲仁故雖不踐成法、亦不陷於惡、有諸己也、

仁者心之安。心所不安則不欲。故不陷於惡。鄉原則踐成法以自文而不恤其心之安。故自以爲善者皆惡。人雖欲之、相似而實相反。不入於室、由不學故無自而入聖人之室也、

善人而學、則洗心藏密、而入聖人之室矣。聖非不可學而至也。

○惡不仁、故不善未嘗不知、惡之誠、則知之明。不善當前、而與己相拂、如惡惡臭過前、而即知之。徒好仁而不惡於仁、則習不察、行不著。未嘗取不仁之惡而決擇之、則或見爲當然、狎習之而不知惡、故窮異端之妄、必知其不仁之所在、然後別天理之幾微、不然且有如游謝諸子、陷滛於其說者矣、司馬君實好善篤而惡惡未精。故蘇子瞻與游而不知擇、道雖廣而義不得不嚴。君子所以反經而消邪慝也。

是故徒善未必盡義、徒是未必盡仁、徒欲善而不辨其惡以去之。則義有所不正。徒行其是而不防是之或非。則仁有所不純。好仁而惡不仁、然後盡仁義之道、嚴以拒不仁而辨之於微。然後所好者純粹以精之。理行習之似是而非者。不能亂也。故坤之初六履霜而辨堅冰之至，苟或唯不知此，是以陷於亂臣賊子之黨而不自知。

○篤信好學，篤信不好學，不越爲善人信士而已。越，過也。學以充實其所以然之理，作聖之功也。此節舊連下章，傳寫之譌，今别之。

○好德如好色，好仁爲甚矣，求必得也。見過而內自訟，惡不仁而不使加乎其身，惡不仁爲甚矣，

不容有纖芥之留也、

學者不如是、不足以成身、

成身者卓然成位乎中。直方剛大而無媿怍於天人也。

故孔子未見其人、必歎曰已矣乎、思之甚也、

君子之好惡用諸己。小人之好惡用諸物。涵泳孔子之言而重歎之。張子之學所爲壁立千仞而不假人以游泆之便。先儒或病其已、迫。乃誠僞之分善惡之介。必如此謹嚴而後可與立。彼託於春風

沂水之狂而陶肰自遂者、未足以開來學立人道也。

○孫其志於仁、則得仁、孫其志於義、則得義、惟其敏而已。

孫、順也、順其志也、志於仁義而不違、志與相依而不違、則不能自已而進於德矣。此釋說命孫志時敏之義。明孫非柔緩之謂、乃動與相依、靜與相守、敏、求而無須臾之違也。

○博文樂禮、由至著入至簡、故可使不得叛而去。

文者禮之著見者也會通於典禮以服身而制心

所謂至簡也不博考於至著之大而專有事於心

則虛寂恍惚以爲簡叛道而之於邪矣

溫故知新多畜前言往行以畜德

溫故知新非以後見聞之博多識而力行之皆可

據之以爲德

繹舊業而知新益思昔未至而今至

卽所聞以驗所進

緣舊所見聞而察來

推所聞以義類推之，皆其義也。

皆博文之益也。存神以立本，博文以盡其蓄變，道相輔而不可偏廢。

○責己者當知天下國家無皆非之理。人雖窮凶極惡，亦必有所挾以爲名。其所挾之名，則亦是也。堯以天下與人，而丹朱之傲不爭；若殷之頑民稱亂不止，亦有情理之可諒。倘挾吾之是以摘彼之非，庸詎不可而已，亦有歉矣。大其心以

禮之則唯有責己而已

故學至於不尤人學之至也

學以窮理而成身察理於橫逆之中則義精而仁弘求己以必盡之善則誠至而化行乃聖學之極致

○聞而不疑則傳言之見而不殆則學行之中人之德也

傳言述之爲教也學行模倣以飾其行也資聞見以求合於道可以寡過非心得也故夫子亦但以

爲可以得祿之學

聞斯行、好學之徒也、

不闕疑殆而篤於行、好學而不知道、

見而識其善、而未果於行、愈於不知者爾、

此尤不足有爲者、愈於不知而妄作者爾、

世有不知而作者、蓋鑿也妄也、

慧巧者則爲鑿、粗肆者則爲妄、

夫子所不敢也、故曰我無是也、

聖人且不敢、而況未至於聖者乎、此章言恃聞見以求合雖博識而僅爲中人之德若急於行怠於行者尤無德之可稱則聞見之不足恃明矣然廢聞見而以私意測理則爲妄爲鑿陷於大惡乃聖人之所深懼蓋存神以燭理則聞見廣而知日新故學不廢博而必以存神盡心爲至善其立志之規模不同而後養聖之功以正大學之道以格物爲先務而必欲明明德於天下知止至善以爲本始則見聞不叛而德日充志不大則所成者小學者所宜審也

○以能問不能、以多問寡、私淑艾以教人、隱而未見之仁也、

私淑艾謂取人之善以自淑、非以教人而所以獎進愚不肖者、則教行乎其閒矣、蓋以多能下問、則苟有一得者、因問而思所疑、堅所信、則亦求淺於道而不自已、其曲成萬物之仁、隱於求益自成之中、教思無窮、愈隱而愈至矣、此大舜之德而顏子學之也、

○爲山平地、此仲尼所以惜顏回未至、蓋與互鄉之

進也。

志於善則不可量、故不拒童子、顏子殆聖而聖功未成、一簣之差也、聖人望人無已之心如是、

○學者四失、爲人則失多、好高則失寡、不察則易、苦難則止、爲人求諸人也、失多者聞見襍而不精、好高者自困而不能取益、於衆易於爲者、不察而爲之則妄、知其難者、憚難而置之則怠、四者才之偏於剛柔者也、知其失而矯之、爲人而反求諸已、志高而樂

取善易於爲而知愼知其難而勇於爲然後可與共學

○學者捨禮義則飽食終日無所猷爲與下民一致所事不踰衣食之間燕遊之樂爾

甚言其賤也困其心於衣食之計暇則燕遊自滿恬淡寡過不知其爲賤丈夫而已學者讀陶靖節邵康節之詩無其志與識而效之則其違禽獸不遠矣莊周所謂人莫悲於心死也

○以心求道正猶以已知人終不若彼自立彼爲不

思而得也、

以心求道者、見義在外而以覺了能知之心、爲心也、性、命、於心、而理、備焉、卽心而盡其量、則天地萬物之理、皆於吾心之良能而著、心所不及、則道亦不在矣、以己知人、饑飽寒暑、得其彷彿、亦若彼自立、彼人各有所自驗、如饑而食、渴而飮、豈待思理之當然哉、吾有父而吾孝之、非求合於大舜、吾有君而吾忠之、非求合於周、公求合者終不得合、用力、勞、而、盡、心、難、也、

○考求迹合、以免罪戾者、畏罪之人也、故曰考道爲無失、

以誠心體誠理、則光明剛大、行於憂患生死而自得、何畏之有、無失者僅免於罪、

○儒者窮理、故率性可以謂之道、

窮仁義中正之所自出、皆渾淪太和之固有、而人得之以爲性、故率循其性、而道即在是、

浮圖不知窮理、而自謂之性、故其說不可推而行、

釋氏緣見聞之所不及、而遂謂之無、故以眞空爲

圓成實性乃於物理之必感者無理以處之而欲滅之滅之而終不可滅又爲化身無礙之遁辭乃至云淫坊酒肆皆菩提道場其竊見矣性不可率之以爲道其爲幻誕可知而近世王畿之流中其邪而不寤悲夫

○致曲不貳則德有定體

不貳無間襍也定體成其一曲之善而不失

體象誠定則文節著見

體象體成而可象也誠定者實有此理而定於心

也所行者、一因其定立之誠。則成章而條理不紊

一曲致文、則餘善兼照、

餘善未至之善也、心實有善而推行之、則物理之當然、推之而通。行至而明達矣。

明能兼照、則必將從義、

知及之則行必逮之、蓋所知者以誠而明。自不獨知而已尒。動而曰從義者行而不止之謂動

誠能從義、則德自通變、

從義以誠。其明益廣。其義益精。變無不通矣。

能通其變則圓神所滯

至變與大常合而不相悖以神用而不以迹合與時偕行大經常正而協乎時中之道矣此釋中庸之義而歷序其日進之德蓋張子自道其致曲之學所自得者脈絡次序唯實有其德者喻之非可以意爲想像也

○有不知則有知無不知則無知

有知者挾所見以爲是而不知有其不知者在也聖人無不知故因時因位因物無先立之成見而

動靜剛柔，皆統乎中道。其曰吾道一以貫之，豈聖人之獨知者哉。

是以鄙夫有問，仲尼竭兩端而空空。

若有秘密獨知之法，則必不可以語鄙夫矣。竭兩端者，夫子以之而聖，鄙夫以之而寡過，一也。空空無成心，無定則也。事理皆如其意得焉。

易無思無爲，受命乃如響。

全體乎吉凶悔吝之理，以待物至而應之，故曰易廣矣大矣。聖人之知無不通，所以合於鬼神。

聖人一言盡天下之道、雖鄙夫有問、必竭兩端而告之、

凡事之理、皆一源之變化屈伸也、存神忘迹、則天道物理之廣大、皆協於一、而一言可盡、并以己所知之一言、强括天下之理也、

肰問者隨才分各足、未必能兩端之盡也、

非獨鄙夫爲肰、顏閔以下、亦各不能體其言之所盡、有所受益而自據爲知、所以受教於聖人而不能至於聖、

○教人者必知至學之難易、

有初學難而後易者、有初學易而後難者、因其序

則皆可使之易、

知人之美惡、

剛柔敏純之異、

當知誰可先傳此、誰將後倦此、

年强氣盛、則樂趨高遠、而使循近小、雖强習必倦、

若灑掃應對、乃幼而孫弟之事、長後教之、人必倦弊、

惟聖人於大德有始有卒、故事無大小、莫非處極、

聖人合精粗大小於一致、故幼而志於大道。老而不遺下學。

今始學之人、未必能繼、妄以大道教之、是誣也、

繼謂純其念於道而不間也。若灑掃應對、則可相繼而不倦、故習其志於專謹、且以畢小德而不俟其倦、

○知至學之難易、知德也、

行焉而皆有得於心、乃可以知其中甘苦之數知其美惡、知人也、

曲盡人才、知之悉也、

知其人且知德、故能教人使入德、

順其所易、矯其所難、成其美、變其惡、教非一也、

仲尼所以問同而答異以此、

理一也、從入者異尒、

蒙以養正、使蒙者不失其正、教人者之功也、盡其道其唯聖人乎、

才之偏、蒙也、養之者因所可施可受而使安習之、

聖人全體天德之條理、以知人、而大明其終始、故

教道不一而盡。

○洪鐘未嘗有聲、由扣乃有聲、聖人未嘗有知、由問乃有知、

洪鐘具大聲之理。聖人統衆理之神。扣焉而無不應、問焉而無不竭、

有如時雨化之者、當其可、乘其間、而施之（間如字）

可者當其時也、間者可受之機也。

不待彼有求有爲、而後教之也、

有求則疑、有爲則成乎過而不易救、

○志常繼、則罕譬而喻、言易入、則微而臧、

學者志正而不息、則熟于天理。雖有未知、聞言即喻。不待廣譬也。遜志而敏求。則言易相入。但微言告之而無不盡善。此言教者在養人以善。使之自得而不在於詳說。

○凡學官先事、士先志、謂有官者先教之事、未官者使正其志焉、

所謂當其可也、即事以正志、即志以通事、徐引之以達於道。

志者教之大倫而言也

大倫可以統衆事者正其志於道則事理皆得故

教者尤以正志爲本

○道以德者運於萬物使自化也

物者政刑之迹

故諭人者先其意而遜其志可也

意之所發或善或惡因一時之感動而成乎私志

則未有事而豫定者也意發必見諸事則非政刑

不能正之豫養於先使其志馴習乎正悅而安焉

則志定而意雖不純、亦自覺而思改矣

蓋志意兩言、則志公而意私尒

未有事、則理無所倚而易明、惟庸人無志尒、苟有志、自合天下之公是、意則見己爲是、不恤天下之公是、故志正而後可治其意、無志而惟意之所爲、雖善不固、惡則無不爲矣、故大學之先誠意、爲欲正其心者言也、非不問志之正否、而但責之意也、教人者知志意公私之別、不爭於私之已成、而唯養其虛公之心、所謂禁於未發之謂豫也

○能使不仁者仁、仁之施厚矣、故聖人竝荅仁智以舉直錯諸枉、

仁智合一之說本此、

○以責人之心責己、則盡道、所謂君子之道四丘未能一焉者也、

責人則明、責己或暗、私利蔽之也、去其蔽責己自嚴、

以愛己之心愛人則盡仁、所謂施諸己而不願、亦勿施於人者也、

君子之自愛、無徇私之欲惡、無不可推以及人、
以衆人望人則易從、所謂以人治人改而止者也、
大倫大經、民可使繇之、雖不可使知之、而勿過求
焉、

此君子所以責己責人、愛人之三術也、

術者道之神妙、

○有艾教之心、雖蠻貊可教、爲道既異、雖黨類難相
爲類、

君子道大教宏、而不爲異端所辱者、當共可乘其

聞而已

○大人所存蓋必以天下爲度念之所存萬物一源之太和天下常在其度內故孟子教人雖貨色之欲親長之私達諸天下而後已

天下之公欲即理也人人之獨得即公也道本可達故無所不可達之於天下

○子而孚化之

子禽鳥卵也孚抱也有其質而未成者養之以和

以變其氣質，猶鳥之伏子，

衆好者翼飛之，

衆好，喻禽鳥之少好者，翼飛喻哺而長其翼，教之習飛也，志學已正，而引之以達，使盡其才，猶鳥之教習飛，

則吾道行矣，

師道立，善人多，道明則行，

正蒙上卷下終

張子正蒙下卷上

南嶽　王夫之註　男敔較

劉高美

私淑門人王天履仝訂

熊成章

至當篇

此篇推前篇未盡之旨而徵之於日用尤爲切近肰皆存神知化之理所一以貫之者所謂易簡而天下之理得也篇內言易簡知幾而歸本於大經

之正。學者反而求之於父子君臣之間。以察吾性之所不容已。則天之所以爲天。人之所以爲人。聖之所以爲聖。無待他求之矣。

至當之謂德、百順之謂福、

當於理則順於事。至當則善協於一。無不順矣。事無所逆之謂福。

德者福之基、福者德之致、無入而非百順、故君子樂得其道、

以德致福。因其理之所宜乃順也。無入不順、故堯

水湯旱而天下安、文王囚、孔子厄、而心志適、皆樂也、樂則福莫大焉。小人以得其欲爲樂。非福也。

○循天下之理之謂道、得天下之理之謂德、理者、物之固然、事之所以然也。顯著於天下。循而得之。非若異端孤守一己之微明。離理氣以爲道德。

故曰、易簡之善配至德、

至德、天之德也、順天下之理而不鑿。五倫百行曉然易知。而簡能。天之所以行四時生百物之理。在此矣。

○大德敦化，仁智合一，厚且化也。

敦，存仁之體；化，廣知之用也。大德存仁於神而化無不行，智皆因仁而發，仁至而智無不明，化者厚之化也。故化而不傷其厚，舉錯而枉者直，此理也。

小德川流，淵泉時出之也。敔按：此言用涵于體，體著于用，小德、大德，一誠而已。淵泉則無不流，惟其時而已。故德以敦仁爲本

○大德不踰閑，小德出入可也。大者器，則小者不器矣。

器者有成之謂仁成而純乎至善為不踰之矩則小德如川之流禮有損益義有變通運而不滯而皆協于至一故任讓進退質文刑賞隨施而可

○德者得也凡有性質而可有者也得謂得之於天也凡物皆太和絪縕之氣所成有質則有性有性則有德草木鳥獸非無性無德而質與人殊則性亦殊德亦殊尒若均是人也所得皆一陰一陽繼善之理氣才雖或偏而德必同故曰人無有不善

日新之謂盛德、過而不有、不凝滯於心知之細也、

日新盛德、乾之道、天之化也。人能體之、所知所能皆以行乎不得不肰。而不居。則後日之德非倚前日之德。而德日盛矣。時已過而猶執者。必非自肰之理。乃心知緣於耳目一曲之明。亦未嘗不爲道所散見。而不足以盡道體之弘。

○浩肰無害、則天地合德、

以。理。御。氣。周徧於萬事萬物、而不以己私自屈撓。天之健。地之順也。

照無偏繫則日月合明、以理燭物則順逆美惡皆容光必照好而知惡惡而知美無所私也如日月之明矣天地同流則四時合序、因天之時順地之理時行則行時止則止一四時之過化而日新也酬酢不倚則鬼神合吉凶、應天下以喜怒刑賞善善惡惡各如其理鬼神之福善禍淫無成心者此尒故鬼神不可以淫祀禱君子不可以非道悅。

天地合德、日月合明、然後能無方體、能無方體、然後能無我、

方體以用言。我以體言。凡方而皆其可行之方。凡體而皆其可立之體。則私意盡而廓然大公。與天同化矣、無方體者。神之妙。無我者。聖之純。

○禮器則藏諸身、用無不利、

禮器禮運、曲禮之要、禮器於多寡、大小高下質文、因其理之當然。隨時位而變易。度數無方而不立

所尚以爲體故曰禮器是故大備言盡其變以合于大常也全乎不一之器藏于心以爲斟酌之用故無不協其宜而至當以成百順

禮運云者語其達也禮器云者語其成也

運云者運行於器之中所以爲體天地日月之化而醻酢于人事者也達謂通理而爲萬事之本成者見于事物而各成其事也

達與成體與用之道合

禮運體也禮器用也達則無不可成成者成其達

也。體必有用。顯諸仁也。用卽用其體。藏諸用也。達以成而成其所達。則體用合矣。

體與用、大人之事備矣、體上脫合字傳寫之闕

體無不成。用無不達。大人宰制萬物。役使羣動之事備矣。

禮器不泥於小者、則無非禮之禮、非義之義、蓋大者器、則出入小者、莫非時中也、

禮器備而斟酌合乎時位、無所泥矣。不備則貴多有時而侈、貴寡有時而陋、貴高有時而亢、貴下有

時而居、自以爲禮義、而非天禮之節文、吾心之裁制矣。達乎禮之運。而合吉凶高下。以不踰於大中之矩。故度數之小。可出可入用無不利。

子夏謂大德不踰閑、小德出入可也、斯之謂爾、出入、損益也、雖有損益。不踰天地日月運行各正之矩。非謂小節之可以自恣也。

○禮器、則大矣、

能備知禮器而用之。大人之事備矣。蓋禮器云者、以天理之節文合而爲大器。不倚於一偏者也。

修性而非小成者與，

性，謂理之具於心者。修，如修道之修，修著其品節也。修性而不小成，所以盡吾性之能，而非獨明其器數。

運則化矣，

禮運本天地日月之化，而推行於節文，非知化者不能體。

達順而樂亦至焉爾。

通達大順，得中而無不和，則于多寡大小高下質文之損益曲暢人情之安矣律呂之高下人心之豫悅此理而已蓋中和一致中本於和而中則和著於聲容原於神化陰陽均而動靜以時所謂明則有禮樂也故禮器以運爲本（敬按中本於和謂時中本於太和）

○萬物皆備於我言萬物皆有素於我也素猶豫也言豫知其理而無不得此孟子自言其所得之辭

反身而誠謂行無不慊於心則樂莫大焉知之盡則實踐之而已實踐之乃心所素知行焉

皆順故樂莫大焉

○未能如玉不足以成德未能成德不足以平天下如玉表裏純善而無疵也放道而行非誠有其得於心者雖善不足以感人

修己以安人修己而不安人不行乎妻子況可愾於天下

愾氣相感也修己之盡者成如玉之德無私無欲而通天下之志如其不然刻意尚行矯物以爲高妻子不可行也德至則感通自神豈以己之是臨

物之非哉。

○正己而不求於人、不願乎外之盛者與、君子之不願乎外、非恬淡寡欲而已、隨所處而必居正、則自無外願也、盛謂道之大者、

○仁道有本、近譬諸身、推以及人、乃其方也、心備萬物之理、愛之本也、推以及人、於此求之而已。必欲博施濟衆、擴之天下、施之無窮、必有聖人之才、能弘其道、

用之大者因其才性其本也性全而才或不足故聖人不易及朕心日盡則才亦日生故求仁者但求之心不以才之不足爲患

制行以己非所以同乎人必物之同者己則異矣必物之是者己則非矣

制行必極於至善非人之所能企及也德盛則物自化己有善而必人之己若則立異而成乎過君子不忍人之不善唯嚴於責己而已此節舊分爲二今合之

○能通天下之志者爲能感人心聖人同乎人而無我故和平天下莫盛於感人心

天下之人嗜好習尚移其志者無所不有而推其本原莫非道之所許故不但兵農禮樂爲所必務即私親私長好貨好色亦可以其情之正者爲性之所弘聖入達於太和絪緼之化不執已之是以臨人之非則君子樂得其道小人樂得其欲無不可感也所以天下共化於和

敢按易咸卦象曰聖人感人心而天下和平張子引伸其義見聖人之化天下唯無朋從而光大故也

○道遠人則不仁

仁者己與萬物所同得之生理倚其偏至之識才可爲人所不能爲者老釋是已已與天下殊異而不相通則一身以外皆痿痺也發焉而爲已甚之行必慘薄而寡恩

○易簡理得則知幾知幾然後經可正

易簡乾坤之至德萬物同原之理知此則吾所自生微動之幾爲萬化所自始皆知矣即此而見君臣父子昆弟夫婦朋友天敘天秩不容已之愛敬

則親義序別信皆原本德性以盡其誠而無出入過不及於大經之中蓋惟盡性者爲能盡倫非獨行之士一往孤行之忠孝也

天下達道五其生民之大經乎經正則道前定事豫立不疑其所行利用安身之要莫先焉

終身所行自此五者而外無事仁民愛物制禮作樂全此五者而已五者豫立則推行萬事無不安利舍此則妄揣冥行事賾而志亂吉凶悔吝莫知所從張子推天道人性變化之極而歸之於正經

則窮神知化要以反求大正之中道此錄博反約之實學西銘一此意廣言之也

○性天經然後仁義行故曰有父子君臣上下然後禮義有所錯

性天經者知大倫之秩敘自天本吾性自然之理成之爲性安焉而無所勉强也能然則愛敬之用擴充而無不行矣禮義仁義之用也舍五者而泛施之禮僞而義私冥行而鮮當刑名法術之所以違天拂人戕仁義也

○仁通極其性故能致養而靜以安

仁者生理之函於心者也感於物而發而不待感而始有性之藏也人能心依於仁則不爲物欲所遷以致養於性靜存不失

義致行其知故能盡文而動以變

義者心所喻之物則也知者仁所發見之覺也誠之明知之良因而行之則仁之節文具而變動不居無所往而非仁矣此章言義所以成仁之用行無非義則盡仁而復性矣

○義仁之動也流於義者於仁或傷

仁存而必動以加於物則因物之宜而制之肰因物審處則於本體之所存有相悖害者矣故處物必不忘其靜之所涵而屢顧以求安

仁體之常也過於仁者於義或害

體之常者貫動靜而恒也乃方動而過持以靜則於事幾之變失矣故必靜存萬理化裁不滯之圓神曲成萬物而不遺此章言仁義之相爲體用動靜剛柔以相濟而不可偏也

○立不易方，安於仁而已乎。

乎歎美之辭，隨所立而不易其方，義也；然唯安于仁者，動而不失其靜之理，故雖遇變而恒貞。此章言仁所以立義之體，仁熟則義自正矣。以上三章互相發明仁義合一之理，蓋道之所自行、德之所自立，原其所本，則陰陽也、剛柔也、仁義也，當其絪緼而太和，初未嘗分而爲兩，盡性合天者得其合一兩在之神，則義不流，仁不過，而天下之理無不得。若徒襲仁義之迹，則或致兩妨，故學者以存神

爲要易以仁配陰以義配陽釋者紛紜唯此以一静一動爲言發明特切肰在天在地在人理同而撰異初不可畫肰分屬讀者得意而舍迹可也

○安所遇而敦仁故其愛有常心有常心則物被常愛也

安遇所以自處敦仁則必及物肰人之所以不能常其愛者境遇不齊而心爲之變心爲境遷則雖欲敦愛而利於物者恐傷於巳仁不容不薄矣若得喪安危無遇不安則苟可以愛而仁無所吝一

言一介無遷就規避心不必澤及天下而後爲仁也

○大海無潤因竭者有淵至仁無恩因不足者有恩樂天安土所居而安不系於物也無恩者非以爲恩於物而施之愛猶大海非爲潤人之渴而有水也君子自存其仁不爲境遷則物不能累已而已亦不致爲物之累則因物之利而利之而已若沾沾肰以爲恩於物爲功則必需勢位以行愛而愛窮

○愛人肰後能保其身、張子自注寡助、則親戚畔之、能保其身、則不擇地而安、自注不能有其身、則資安處以置之、不擇地而安、葢所達者大矣、

四海之廣、古今之變、順逆險阻、無不可行矣、大達於天則成性成身矣、

大而化之、仁熟而無土不安、合於天德之無不覆聖矣、無所遇而不安於性以成身也、故舜之飯糗茹草、與爲天子一也、孔子之困厄、與堯舜一也、通乎屈伸而安身利用、下學而上達矣、此章之指言

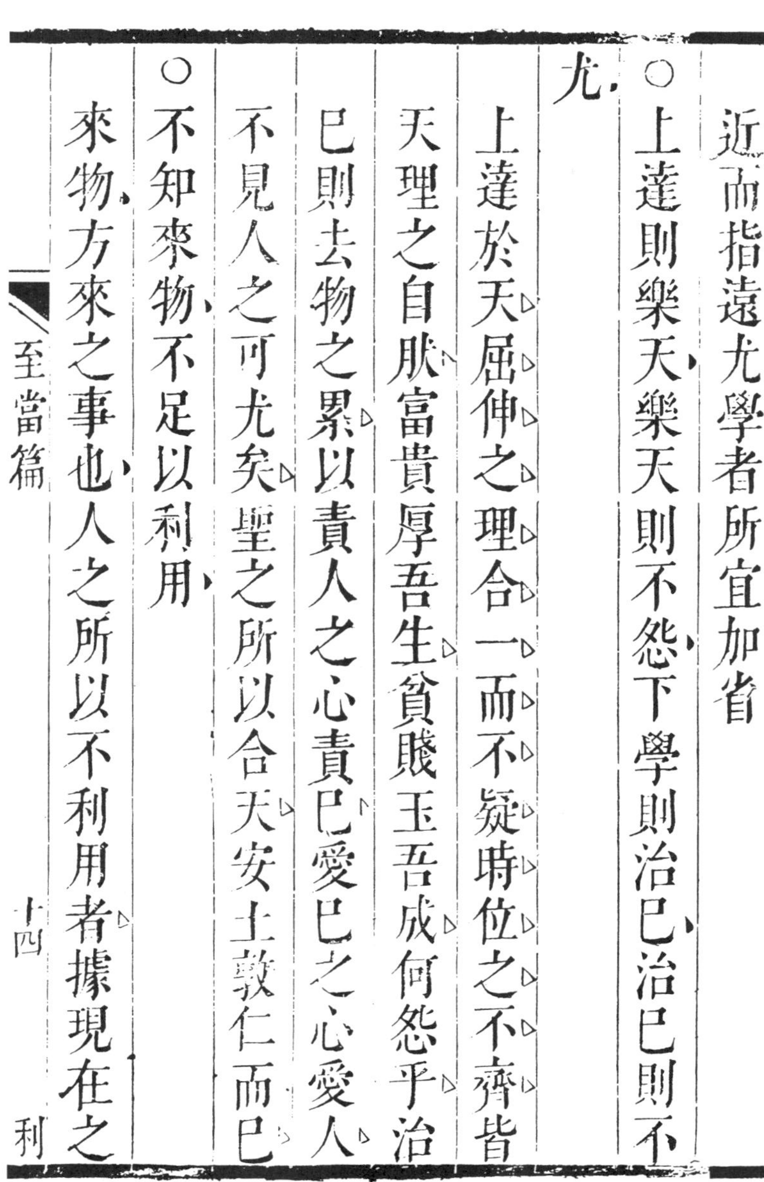

近而指遠尤學者所宜加省

○上達則樂天樂天則不怨下學則治己治己則不尤。

上達於天屈伸之理合一而不疑時位之不齊皆天理之自肰富貴厚吾生貧賤玉吾成何怨乎治己則去物之累以責人之心責己愛己之心愛人不見人之可尤矣聖之所以合天安土敦仁而已

○不知來物不足以利用

來物方來之事也人之所以不利用者據現在之

境遇而執之也。若知將來之變不可測，而守其中道，則無不利矣。

不通晝夜，未足以樂天。

屈伸往來之理，莫著於晝夜。晝必夜，夜必晝，以成夜。夜以息晝，故堯舜之伸，必有孔子之屈。一時之屈，所以善萬世之伸。天之所命，無不可樂也。

聖人成其德，不私其身，故乾乾自強，所以成之於天爾。

身者，天之化也；德者，身之職也。乾乾自強以成其

德以其天職而歸健順之理氣於天地則生事畢而無累於太虛非以聖智之功名私有於其身所遇之通塞何足以繫其念哉

○君子於仁聖爲不厭誨不倦且自謂不能蓋所以爲能也

仁聖之道乾乾不息而已

能不過人故與人爭能以能病人

少有所得則其氣驕廣大無涯則其志遜

大則天地合德自不見其能也

時行物生，豈以今歲之成功自居而息其將來之化哉。

○君子之道達諸天，故聖人有所不能。

道通於天之化，君子之所必爲，著明而天之盛德大業，古今互成而不迫，生殺竝行而不悖，聖人能因時裁成而不能效其廣大。

夫婦之智淆諸物，故大人有所不與。

夫婦之智偶合於道，而天明孤發，幾與蠭螘之君臣、虎狼之父子相雜，故自經溝瀆之信，從井救人

之仁夫婦能之而大人弗爲大人貞一以動也

○匹夫匹婦非天之聰明不成其爲人非能自立人道天使之然爾聖人天聰明之盡者爾

天之聰明在人者有隱有顯有變有通聖人以聖學擴大而誠體之則盡有天之聰明而視聽無非理矣

○大人者有容物無去物有愛物無徇物天之道然

去上聲

大人不離物以自高不絶物以自潔廣愛以全仁而不違道以干譽皆順天之理以行也

天以直養萬物

萬物並育於天地之間天順其理而養之無所擇於靈蠢清濁撓其種性而後可致其養直也代天而理物者曲成而不害其直斯盡道矣

道立於廣大而化之以神則天下之人無不可感天下之物無不可用愚明強柔治教皆洽焉[illegible][illegible]貨利仁義皆行焉非有所必去有所或徇也若老

釋之徒絶物以孤立而徇人以示愛遺天自用不祥久矣

○志大則才大事業大故曰可大又曰富有志久則氣久德性久故曰可久又曰日新

志立則學思從之故才日益而聰明盛成乎富有志之篤則氣從其志以不倦而日新苟言學者德業之始終一以志爲大小久暫之區量故大學教人必以知止爲始孔子之聖唯志學之異於人也天載物則神化感通之事下學雖所不逮而志必

至焉不可泥於近小以荼其氣而棄其才也

○清爲異物和爲徇物

清之過和之流也

金和而玉節之則不過知運而貞一之則不流

金堅玉白而養之以和節之以潤則至清而不異智能運物而恒貞於一則至和而不徇孔子之所以聖不可知其涵養德性者密也○此章上二句舊分一章金和以下連下章今正之

○道所以可久可大以其肖天地而不離也

肯其化，則可大，乾乾不息而不離，則可久。與天地不相似，其違道也遠矣。意欲之私，限於所知而不恒，非天理之自然也。釋老執一己之生滅，畏死厭難，偷安而苟息，曲學拘闇見之習，而不通於神化，以自畫而小成，邪正雖殊，其與道違一也。道二，仁與不仁而已。天與人之辨焉耳。

○久者一之純，大者兼之富。

不襍以私僞，故純；久非專執不化也，窮天地萬物之理。故富大。非故為高遠也。兼之富者。合萬於一。一之純者。一以貫萬。一故神。兩在故不測。下學而上達矣。

○大則直不絞。方不劌。故不習而無不利。大則通於萬理。而無不順。直不傷激。方不矯廉。坤之六二居中。得正。剛柔合德。純一而大。天下之理皆伸而情皆得。故无不利。

○易簡然後能知險阻。以險阻之心。察險阻。則險阻不在天下。而先生于心心有險阻天下之險阻愈變矣以乾之純於健自強而不恤天下之險其道易以坤之純于順厚載而不憂天下之阻其道簡險阻萬變奉此以臨之情形自著而吾有以治之矣

易簡理得肰後一以貫天下之道險阻可通況其大常者乎

易簡故能說諸心知險阻故能研諸慮道在已而無憂故悅悅而憂惑不妄起則所慮者正而自精不肰在已無大常之理物至情移愈變

而愈迷矣。

知幾爲能以屈爲伸。

幾者動静必然之介，伸必有屈，屈所以伸，動静之理然也。以屈爲伸，則善吾生者善吾死，死生不易其素，一以貫久大之德矣。乾之知存亡進退而不失其正，埣之先迷後得，所以平天下之險阻也。

○君子無所争，彼伸則我屈，知也。

陰陽柔剛迭相爲屈伸，君子小人各乘其時，知者知此，則量自宏矣。

彼屈則吾不伸而自伸矣。

彼屈則我自伸。不待鳴其屈以求伸。

又何爭、

屈亦無爭伸亦無爭。保吾大正而已。

○無不容、然後盡屈伸之道、至虛、則無所不伸矣、於人有君子小人、於世有治亂、於己有富貴貧賤、夷狄患難、天地之化至大。其屈伸旦夕之效也。人所以不能盡屈伸之道者。遇屈與不能容也。至虛則古今如旦暮。人我如影響。交感於太和之中。

而神不損。龍蛇蟄而全身，尺蠖之伸在屈。浩然之氣，亘古今而常伸。言忠敬，行篤敬，雖之夸狄不可棄也。利害於我何有焉。

君子無所爭，知幾於屈伸之感而已。

屈伸必相感者也，無待於求伸而又何爭。

精義入神，交神於不爭之地，順莫甚焉，利莫大焉。天下何思何慮，明屈伸之變，斯盡之矣。

精義則伸有伸之義，屈有屈之義，知進退存亡而不失其正。入神者，否泰消長之機化有變而神不變故六十四象而乾坤之德在焉陰陽之多少位之得失因乎屈伸尒知達於此理無不順用無不利矣彼與物爭者唯於天下生其思慮而不自悅其心研其慮故憧憧尒思而不寧雖巳小而天下大異於大人之無不知而無不容也○此章舊分爲二今合之

○勝兵之勝勝在至柔明屈伸之神尒兵以求伸者也而勝以柔屈伸相感之神於斯見矣善爲國者不師至於用兵爭勝非能全體屈伸之神窺見其幾而巳老氏遂奉此以爲教欲伸固

屈以柔勝剛與至虛能容之誠相違遠矣讀者當分別觀之

○敬斯有立有立斯有為

莊敬自持而後耳目口體從心而定其物則卓然知有我之立于兩間不因物而遷矣有我而備萬之誠存焉奉此以有為而仁義行

○敬禮之輿也不敬則禮不行

敬者禮之神也神運乎儀文之中然後安以敘而天下孚之

○恭敬樽節、退讓以明禮、仁之至也、愛道之極也、
斂情自約、以順愛敬之節、心之不容已而禮行焉、
不崇已以替天下、仁愛之心至矣、故復禮爲爲仁
之極、致心之德、卽愛之理也、

○已不勉明、則人無從倡道、無從弘敎、無從成矣、
旣明其理、尤詳其事、君子之所以耄而好學、有餘
善以及天下後世也、

○禮直斯淸、撓斯昏、
順天理自然之節文爲直、衆論起而撓之、奉吾直

而折之乃不亂。歐陽修張孚敬皆成乎一說、惟其曲而不直也。敔按漢議及興獻帝謚說行乎一時、而理不順乎人心、故曰曲而不直、

和斯利、樂斯安、順心理而直行、和於人心而已、心適矣。安而利。孰得而撓之。退讓爲節、直淸爲守、合斯二者而後可以言禮。

○將致用者、幾不可緩、

心之初動。善惡分趣之幾。辨之於早。緩則私意起而惑之矣。

思進德者徙義必精

辨其幾茂則已取義矣而義必精而後盡理之極致故進此此而研之以充類至盡此君子所以立多凶多懼之世乾乾德業不少懈於趨時也

義精則有以處凶懼而無不正矣趨時者與時行而不息宵晝瞬息皆有研幾徙義之功也

○動靜不失其時義之極也

動靜以事言謂行止進退也不失其時者順天下

之天經合於時之中、研幾速而徙義精一於正也、
義極則光明著見、
曉然可以對於天下後世而無不白之隱、
唯其時物前定而不疚、
物事也、前定者義精而誠立、因時必發而皆當、
○有吉凶利害然後人謀作、大業生、
此屈伸相感之機也、故堯有不肖之子、舜有不順
之親、文王有不仁之君、周公有不軌之兄、孔子有
不道之世、皆唯其時而精其義、歸於大正、

君無施不宜則何業之有

無施不宜所遇皆順也知此則不怨不尤而樂天

敦仁於不息矣

天下何思何慮行其所無事斯可矣

所謂天下有道不與易也處變則不怨尤處常則

不妄作皆與時偕行之精義非以巳意思慮之舊

本分爲二今合之

○知崇天也形而上也通晝夜而知其知崇矣

知崇者知天者也知形而上之神也化有晦明而

人用爲晝夜神則不息通晝夜而無異行晷屈伸之迹而知其恒運之理知合於天崇矣時有屈伸而君子之神無閒易曰知崇法天法其不息也

○知及之而不以禮性之非己有也

禮之節文見於事爲形而下之器地之質也性安也形而上之道有形而卽麗于器能體禮而安之然後卽此視聽言動之中天理流行而無不通貫乃以凝形而上之道於己否則亦高談性命而無實矣

故知禮成性而道義出，如天地位而易行。

知極於高明，禮不遺於卑下，如天地奠位而變化合一，以成乎乾坤之德業，聖學所以極高明而道中庸也。

○知德之難言，知之至也。

天下之所言者，道而已。德則通極於天，存之以神和，之於氣，至虛而誠有，體一而用兩，若倚于一事一念之所得而暢言之，則非德矣。知已至，乃知其言之難。

孟子謂我於辭命而不能、又謂浩然之氣難言、易謂不言而信、存乎德行、又以尚辭爲聖人之道、非知德達乎是哉、

聖賢知德之難言、然必言之而後自信其知之已至、故以尚辭爲道之極致、性與天道不可得而聞、修辭立誠、言其所自知、非中人以下所可與聞也、

○闇然修於德也、

入德以凝道、

的然著於外也

附託於道而不知德

作者篇

此下四篇皆釋論語孟子之義，其說有與程朱異者，蓋聖賢之微言大義，曲暢旁通，雖立言本有定指，而學者躬行心得，各有契合，要以取益於身心，非如訓詁家拘文之小辨，讀者就其異而察其同，斯得之矣。

作者七人，伏羲神農黃帝堯舜禹湯，制法興王之道，非有述於人者也。

周監於二代，則亦述而已矣，夫子言此以明作者，

既盛則道在述而不容更作、若嬴秦之壞法亂紀、與異端之非聖誣民、皆妄作之過也、

○以知人爲難、故不輕去未彰之罪、以安民爲難、故不輕變未厭之君、

謂堯不知誅四凶也、變者誅其君而別立君、謂三苗也、三苗不服、民猶從之、

及舜而去之、

攝位時事、

堯君德、故得以厚吾終、舜臣德、故不敢不虔其始、

君以容蓄厚載爲德臣以行法無私爲德、所以皆合時中、

○稽衆舍己、堯也、與人爲善、舜也、聞善言則拜、禹也、用人惟己、改過不吝、湯也、不聞亦式、不諫亦入、文王也、

惟己當作惟其賢、不聞不諫、謂不待聞人之諫而旁求衆論也、聖人之德一於無我、至虛而受天下之善、

○別生分類、孟子所謂明庶物、察人倫者與、

人物同受太和之氣以生本一也、而資生於父母根荄、則草木鳥獸之與人其生別矣、人之有君臣父子昆弟夫婦朋友親疏上下、各從其類者分矣、於其同而見萬物一體之仁、於其異而見親親仁民愛民之義、明察及此、則繇仁義行者皆天理之自然不待思勉矣、

○象憂亦憂象喜亦喜、所過者化也、與人爲善也、隱惡也、所覺者先也、敔按所過者化謂感人以誠所覺者先謂察理獨精

象憂亦憂象喜亦喜之心、誠信之不可測者也故

必疑其爲僞約畧言之想見其心有此四者蓋聖人之心大公無我雖至仁充足隨所感通即沛然若決江河而莫禦於天下且然而況其弟乎

○好問好察邇言隱惡揚善與人爲善象憂亦憂象喜亦喜皆行其所無事也過化也不藏怒也不宿怨也

聖人之心純一於善惡之過於前知其惡而已不復留於胸中以累其神明惡去而忘之矣善則留惡則去如天地雖有不祥之物而不以累其生成

學者知此，則惡稱人之惡而勿攻，若其惡不仁，雖至乃唯以自嚴，而不加乎其身。所以養吾心之善氣，而泯惡於無迹，善日滋而惡日遠，誠養心之要也。

○舜之孝，湯武之武，雖順逆不同，其爲不幸均矣。瞽瞍底豫順也，桀放紂誅逆也。

明庶物，察人倫，然後能精義致用，性其仁而行。

舜惟一率其所生之性，而審於親疏輕重之辨，故人悅之，天下將歸，皆不足以易其孺慕，而一言一

動一舉念之間無非曲盡其爲子之義故坦肰行之無所憂疑而終至於底豫所謂性之也

湯放桀有慚德而不敢赦執中之難也如是

欲赦之則可無慚而負上帝求莫之心欲不赦則順乎天而於已君臣之義有所不安擇于二者之中輕重之權衡難定故雖決於奉天討罪而慚終不釋

天下有道而已在人在已不見其有間也立賢無方也如是

乃其得天下以後、不以已意行爵賞、明其本志、唯在化無道爲有道、與天下之賢者共治之、而昔之致討有罪非已私、而可無慚於天下、曲折以合於義、所謂反之也、事至於不幸、雖聖人難之矣、明物察倫以安於仁、此易簡之理、所以配至德、非湯武之所幾及也、

○立賢無方、此湯之所以公天下而不疑、

初行放伐之時、必且疑賢者之效尤、湯唯無求固其位之心、故天下安之、漢誅功臣、宋削藩鎮、皆昧

屈伸之義而已私勝也、

周公所以于其身望道而必吾見也、

舊注周公上疑有坐以待旦四字、

○帝臣不蔽言桀有罪已不敢違天縱赦既已克之、今天下莫非上帝之臣善惡皆不可揜惟帝擇而命之已不敢不聽、

湯放桀而不即自立欲唯天所命民所歸而戴之爲君其公天下之心如是所以既有天下之後立賢無方不倚親臣爲藩衞如周之監殷張子以此

獨稱湯而畧武王、

○虞芮質厥成訟獄者不知紂而之文王文王之生、所以縻繫於天下、由於多助於四友之臣故爾、縻繫爲人所繫屬、文王無求天下歸巳之心乃四友之臣宣其德化、而天下慕之爾、

○以杞包瓜、文王事紂之道也、杞柳爲筐也、瓜易壞者、包裓而藏之、使無急壞厚下以防中潰、盡人謀而聽天命者與、

紂之無道極矣、周雖不伐、天下必有起而亾之者、

文王受西伯之命、以德威鎮天下、故文王不興師天下不敢動、厚集其勢、防中潰之變、所爲盡人謀以延商者至矣、必天命之不可延、而後武王伐之、天之命也、非已所願也、斯其所以爲仁至義盡、而執中無難、非湯武之所可及與、

○上天之載、無聲臭可象、正惟儀刑文王、當冥契天德而萬邦信悅、

文王之德天德也、故法文王、即合天載、求諸有可效者也、天之聰明自民聰明、故萬邦作孚、爲契天

之驗、

故易曰神而明之、存乎其人、

心存文王之所以爲文、則神明之德在矣、

不以聲色爲政、不革命而有中、國默順帝則、而天下

自歸者、其惟文王乎、

不以聲色爲政者、非靡聲色也、有其、心乃有其事、

則物無不誠、而不於號令施爲、求民之從、其順帝

則以孚民志者、皆積中發外、因時而出、天下自悅

而信之

○可願可欲、雖聖人之知、不遞盡其才以勉焉而已、遞過也、聖人之願欲廣大而不過。盡其才之所可爲。人道盡而帝則順。屈伸因乎時也。

故君子之道四、雖孔子自謂未能、博施濟衆修己安百姓、堯舜病諸、是知人能有願有欲、不能窮其願欲、有願欲而欲。窮極之墨釋所以妄而淫、

○周有八士、記善人之富也、富衆也、賢才出國所以昌、

○重耳婉而不直、小日直而不婉、

婉則譎直則正故君子之道恒剛小人之道恒柔

剛以自遂柔以誘人

○魯政之弊馭法者非其人而已齊用管仲遂併壞其法故必再變而後至於道

法存則待人以修明之而已法壞而欲反之於正條理不熟既變其法又待其人必再變而後習而安之法者先王禮樂刑政之大經如中庸所謂九經是也

○孟子以智之於賢者爲有命如晏嬰智矣而獨不

智於仲尼、非天命耶、

性命於天、而才亦命於天、皆命也、晏嬰才有所蔽、不足以至於孔子之廣大、若是非之性、則無以異也、仁義禮智之體、具於性、而其爲用必資於才、以爲小大偏全、唯存神盡性以至於命、則命自我立、才可擴充以副其性、天之降才不足以限之、故君子於此以性爲主、而不爲命之所限、宜矣、

○山楶藻梲爲藏龜之室、祀爰居之義、同歸於不智

龜雖神物、而神非以其形也、媢其形、器不足以知神之所在、則與祀海鳥之愚同、

○使氏義、不害不能敎、當作養 愛猶衆人之母、不害使之義、禮樂不興、僑之病與、

義與愛不相悖而相成、子產庶幾知陰陽屈伸合同而化之道、則禮樂之興、達此而行尒、病而未能、故謂其有君子之道、言已得其道、而惜其未成也、

○獻子者、忩其勢、五人者忩人之勢、不資其勢而利其有、肰後能忩人之勢、

人之勢於巳何有而不忌之必其資而利之也無所求則見有道而巳

若五人者有獻子之勢則反爲獻子之所賤矣巳忌之而人顧不能忌此流俗之所以可賤也

○顓臾主事東蒙既魯地則是巳在邦域之中矣雖非魯臣乃吾社稷之臣也

諸侯祀境內山川而社稷爲羣祀之主則顓臾必供祀事於魯詩稱錫之附庸其爲供祀[illegible]明矣

三十篇

三十器於禮，非強立之謂也。盡其用之謂。器無動非禮，則立人之道盡矣。

四十精義致用，時措而不疑。禮之所自出，義之當然也。精之則盡變矣。

五十窮理盡性，至天之命。然不可自謂之至，故曰知。義者因事而措，理則其合一之原也。理原於天，化之神而爲吾性之所固有，窮極其至，一本而萬殊，則吾之所受於天者盡，而天之神化，吾皆與其事。

矣。不可謂至者、聖人自謙之辭、知、猶與聞也、

六十盡人物之性、聲入心通、

合天之化而通之於物理、則人物之志欲情理。皆知其所自。而隨感即通。處之有道矣。物之相感也莫如聲、聲入心通、不待形見而早有以應之、

七十與天同德、不思不勉、從容中道、

窮理盡性之熟也。聖功之極致、與天合德、而其所自成。則以執禮精義爲上達之本。蓋禮器也、義器與道相爲體用之實也。而形而上之道。麗於器之

中則即器以精其義萬事萬物無不會通於至一之變化故曰下學而上達知我者其天乎天之爲德不顯於形色而成形成色淪浹貫通於形色之粗無非氣之所流行則無非理之所昭著聖功以存神爲至而不舍形色以盡其誠此所以異於異端之虛而無實自謂神靈而實則習不察行不著也

○常人之學日益而不自知也

學則必有益矣聞見之力忽生其心故不自知其

所以益、

仲尼學行習察、異於他人、

學則行之而無所待、習則察其所以然、是其聖性之自然合道、而所志者天德聞見日啓而不待聞見以知、皆誠於德而明自誠生也

故自十五至於七十、化而知裁、其德進之盛者與、

學而行、無滯於行、則已行者化習而察、則不執所習而參伍以盡其變故不執一德而裁成萬理德進之盛殆由此與蓋循物窮理、待一旦之豁然賢

者之學。得失不能自保。而以天德爲志。所學皆要歸焉。則一學一習。皆上達之資。則作聖之功。當其始而已異。此張朱學誨之不同。學者辨之。

○窮理盡性、然後至於命、盡人物之性、然後耳順、與天地參、無意必固我、然後範圍天地之化、從心而不踰矩、

知命從心不踰矩、聖德之效也、有聖學而後聖德日升。聖學以窮理爲之基。而與天地參者、灼見天地之神。窮理之至也。

老而安死、肰後不夢周公、

此七十後聖心之妙也、範圍天地之化、則死而歸化於天無不安者、屈伸自肰無所庸其志也、詩曰文王在上於昭於天此之謂與

○從心莫如夢、

物無所感、自肰而如其心之所志、

夢見周公、志也、

志則非時位所能爲而志之

不夢、欲不踰矩也、

矩天則也、範圍天地之化、屈伸行止、無往而不在

帝則之中、奚其踰、

不願乎外也、

無往而非天理、天理無外、何踰之有、

順之至也、

於天皆合、則於物皆順、

老而安死也、

順自肰之化、歸太和、絪縕之妙、故心以安

故曰吾衰也久矣、

形衰將屈神將伸也

○困而不知變民斯爲下矣不待困而喻賢者之常也

未嘗處困而能喻乎道賢矣肰因常而常則喻其當肰而屈伸動靜之變有不察者

困之進人也爲德辨爲感速孟子謂人有德慧術知者存乎疢疾以此

困之中必有通焉窮則變變則通不執一之道惟困而後辨之人情物化變而有常之理亦惟困而

後辨之、故曰其德辨、心極於窮則觸變而即通、故曰其感速、不待困而喻者、知其大綱忘其條理因循故常、雖感亦不能速辨

自古困於內、無如舜、困於外、無如孔子、以孔子之聖、而下學於困、則其蒙難正志、聖德日躋、必有人所不及知而天獨知之者矣、故曰莫我知也夫、知我者其天乎、

無生安之可恃而不倚於學、迫其神明以與道合、下學之事也、正志者正、大經也、萬變而反於大經

非賢者以下所知惟天屈伸聚散運行於太極之中具此理爾義日精仁日熟則從心不踰困之所得者深矣然則處常而無所困者將如之何境雖通而一事一物之感一情一意之發嚴持其心臨深履薄而不使馳驅以研幾於極深而盡性於至隱則安利之境不忘困勉之心聖功在是故知不待困而喻者雖賢於人終不可至於聖也

○立斯立道斯行綏斯來動斯和 從欲風動神而化也

存禮樂刑政之神而達其用以盡人物之性與天之曲成萬物者通理則民有不目知其所以肰而感動於不容已者矣

○仲尼生於周從周禮故公旦㳒壞夢寐不忘爲東周之意使其繼周而王則其損益可知矣禮隨時爲損益義之所以精也中道也大經也爲周人則志周禮繼周王則且必變通之

○滔滔忘反者天下莫不肰如何變易之述桀溺之意所言亦近是

天下有道丘不與易知天下無道而不隱者道不遠
人且聖人之仁不以無道必天下而棄之也
道不遠人有人斯可行道定公之君季斯之臣三
月而魯大治非孔子與以所本無也即不我用聖
人不忍棄之天不以歸訟而奪小人之口體不以
淫邪而奪小人之耳目盡其化而已
○仁者先事後得先難後獲故君子事事則得食不
以事事雖有粟吾得而食諸仲尼少也國人不知委
吏乘田得而食之矣及德備道尊至是邦必聞其政

雖欲仕貧、無從以得之、

位望既尊、不可復爲卑官、

今召我者而豈徒哉、庶幾得以事事矣、而又絕之、是誠繫滯如匏瓜不食之物也、

人不能不食、雖聖人必以事食、不能不食、則不能不事事、故急於事不輕絕人、此言雖淺、而學者以此存心、則飽食終身爲天地民物之累、亦尙知媿乎、

○不待備而勉於禮樂、先進於禮樂者也、

先謂未備物而急於行、後謂備物而後行、禮樂不
可斯須去身、故急於行者、不待物之備、
備而後至於禮樂、後進於禮樂者也、
治定制禮、功成作樂、聖人而在天子之位、乃建中
和之極、君子野人以位言、
仲尼以貧賤者、必待文備而後進、則於禮樂、終不可
得而行矣、故自謂野人、而必爲所謂不願乎其外也、
素位行道、而無所待於大行、
○功業不試、則人所見者藝而已、

藝六藝也聖人之德非人所可測則人見其功道不行則人但見其藝功與藝有大小而盛德之光輝不可揜則一也

○鳳至圖出文明之祥伏羲舜文之瑞不至則夫子之文章知其已矣

文章謂制禮作樂移風易俗之事聖德默成萬物不因隱見而損益文章則不可見也

○魯禮文闕失不以仲尼正之如有馬者不借人以乘習

借猶請也請馬未馴習、必假請善御者調習之、乃可乘、喻魯君不能正禮樂、當假夫子修習之、不曰禮文而曰史之闕文者、祝史所任儀章器數而巳舉近者而言約也

淺近易知者且闕失之、況其大者、猶及謂力能任之、今亡矣夫、歎其終不可得而正矣、

○師摯之始、樂失其次、徒洋洋盈耳而已焉、

有聲無律、則其音濫、

夫子自衛反魯、一嘗治之、其後伶人、賤工識樂之正、

及魯益下衰、三桓僭妄、自太師以下、皆知散之四方、逾河蹈海以去亂、聖人俄頃之助功化如此、用我者期月而可、豈虛語哉、

聖人順大經而存神、故感人心之速如此、

○與與如也、君或在朝在廟、容色不忘向君也、

與與相授貌、心盡乎君、則容色不貳、

君召使擯、趨進翼如、（自注）此翼如左右在君也

向君而趨、如兩翼之夾身也、知非張拱者、近君不宜自爲容、

沒階趨進翼如、（自注）張拱而翔、○進字衍文

文同而義異、上以向君、下以自飭也、

賓不顧矣、相君送賓、賓去則白曰賓不顧而去矣、紓

君敬也、

敬無所施、而過於恭、則自辱、

上堂如揖、恭也、

致圭於主君、當盡其恭、

下堂如授、其容紓也、

受命於君、已執圭而反於次、敬可少舒矣、

○冉子請粟與原思爲宰、見聖人之用財也

財以成用、當其可則義精矣、

○聖人於物無畔援、雖佛肸南子、苟以是心至、教之在我、尒不爲已甚也如是、

畔援、君子必與君子爲類、交相倚也、聖人盡人物之性、在我者無不誠、不倚於物、故不爲已甚、絕惡人以自表異、

子欲居九夷、不遇於中國、庶遇於九夷、中國之陋爲可知、

九夷之陋陋於文、中國之陋陋於心、欲居九夷、言忠信行篤敬、雖蠻貊之。邦可行、何陋之有、

聖人之化不可測、而大經之正。立誠而已矣。

○栖栖者依依其居而不能忘也、疑微生畝之言、因孔子、遑遑太魯而發、固、猶不回也、執一必往之念、太則不可止、

○仲尼應問、雖叩兩端而竭、

即下學之中、具上達之理、

然言必因人爲變化、所貴乎聖人之詞者、以其知變化也、

盡人之性而知之明則原於善而成乎偏者洞知其所自蔽、因其蔽而通之、變化無方而要歸於一、是其因人而施之教、未嘗不竭盡上達之旨矣、

○富而可求也、雖執鞭之士、吾亦爲之、不憚卑以求富、求之有可致之道也、

此小人之設心則然、

肰則乃有命是求無益於得也、

曲諭小人使知返而自安於命、

○愛人以德喻於義者常多、故罕及於利、

聖人之徒正義而不謀利、無庸復與言利、

盡性者方能至命、未達之人告之、無益、故不以亟言

求道、於天而不求道於已、無益於進德、

仁大難名、人未易及、故言之亦鮮、

盡天下之理、皆吾心之惻肰而動不容已者、執[illegible]

以言之、則倚於一曲而不全、

○顏子於天下、有不善未嘗不知、知之未嘗復行、
誠立而幾明△則自知審而即以驗天下無不知也、
因人之不善以自警、則終身不行、
故怒於人者、不使加乎其身、愧於已者、不輒貳之於
後也、
人有不善則怒之矣、已不效尤、不使人將怒已、故
曰不遷貳、猶復也、此顏子力行之功、故夫子許為
好學之實、
○顏子之徒、隱而未見、行而未成、

未事故道不遠、早亡故所求之志未竟、

故曰吾聞其語而未見其人也、

所以知此爲顔子之類言者、以用舍行藏知之、

○用則行、舍則藏、惟我與爾有是夫、顔子龍德而隱

故遯世不見知而不悔、與聖者同、

學以聚之、問以辯之、寬以居之、仁以行之、顔子之

學見龍之德也、可以利見而時在潛則潛、所學者

聖學、故道同於聖

○龍德聖修之極也

修之極而聖德純則屈伸一致而六龍可御

顏子之進則欲一朝而至焉可謂好學也已矣

所謂大其心則能體天下之物也大學之道止於至善近小自期非學也

○回非助我者無疑問也

大其心而正大經則雖所未知而聞言即貫無疑則無容問矣

有疑問則吾得以感通其故而達夫異同者矣

道有異同推其異以會其同學者當自求而得之

待教而喻，雖違異同，其所達者猶有方也。聖人因問而曲盡教思之無窮，然非學者進德之實益。

○放鄭聲，遠佞人，顏回爲邦，禮樂法度不必教之，惟損益三代，蓋所以告之也。

三當作四。言行，言乘，言服，韶舞，言則皆現成之辭，是其度數文章，顏子皆已知之，不待詳教，但告之損益而已。

法立而能守，則德可久，業可大。鄭聲佞人，能使爲邦者喪所以守，故放遠之。

德立而業成、於君道無憾矣以鄭聲佞人爲不足慮而姑置之、終爲盛德之累、且潛移風會而不知唯守之純一、而淫邪之微疵必謹、則君心一百官正、風俗醇、可久可大之道、純王之德也、

○天下有道則見、無道則隱、君子疾沒世而名不稱、二者疑於不相通、蓋士而懷居、不可以爲士、必也去無道就有道、春秋之世、諸侯之國皆可仕、故不當懷土重遷而必去之、

遇有道而貧且賤君子恥之舉天下無道然後窮居獨善不見知而不悔

夫子所以周流列國而後反魯以老

中庸所謂惟聖者能之仲尼所以獨許顏回唯我與爾爲有是也

無我之至龍德而時中夫子聖而顏子以此爲學

○仲由樂善故車馬衣裘喜與賢者共敝

子路所友必其賢也樂人之善外見之仁也

顏子樂進故願無伐善施勞

進而不已、不見有可伐可施、樂已之進無窮、內修
之仁也、
聖人樂天、故合內外而成其仁、
天者理之無間者也、安之信之懷之、內盡於已者
至、老安友信少懷、外及於物者弘、合人於已而已
無非天、顏子所欲進者此而未逮尒、
○子路禮樂文章未足盡爲政之道、以其重肰諾言
爲衆信、故片言可以折獄、如易所謂利用折獄、利用
刑人、皆非爻卦盛德、適能是而已焉、

噬嗑齧而合、非天理之自肰、蒙三未出乎險、聖功不就、皆非盛德事、

○顏淵從師、進德於孔子之門、孟子命世、修業於戰國之際、此所以潛見之不同、

命世世無人而已任責於天也、二子皆學孔子而因時爲位、無成心以執一、所以爲善學、

○犂牛之子、雖無全純、肰使其色騂且角、縱不爲大祀所取

大祀爲郊廟、

次祀小祀、終必取之、言大者苟立人所不棄也

大者大節不失也、此教仲弓以用人之道、與先有

司赦小過意同、

有德篇

此篇亦廣釋論孟之義、而開示進修之方、尤切身心之用、誠學者所宜服膺也、

有德者必有言、能爲有也、

言以埀世立教、興起天下、而天下賴之、聖賢所以死而不亡。

志於仁而無惡、能爲無也、

不以已私累天下天下無所損安而忘之張子此言以警學者至矣、縱欲趨利則天下求無其人而

不得是人類之很蠹也。
○行修言道、則當爲人取道、順於道也。取、取法也、
不務徇物強施以引取乎人。故往教妄說、皆取人之弊也、
君子之教思無窮、而道在巳、則有志者自來取法。若不可與言而與言、必姑屈其說以誘使合反成乎妄矣。枉教之弊終于妄說、枉巳者未有能正人也、

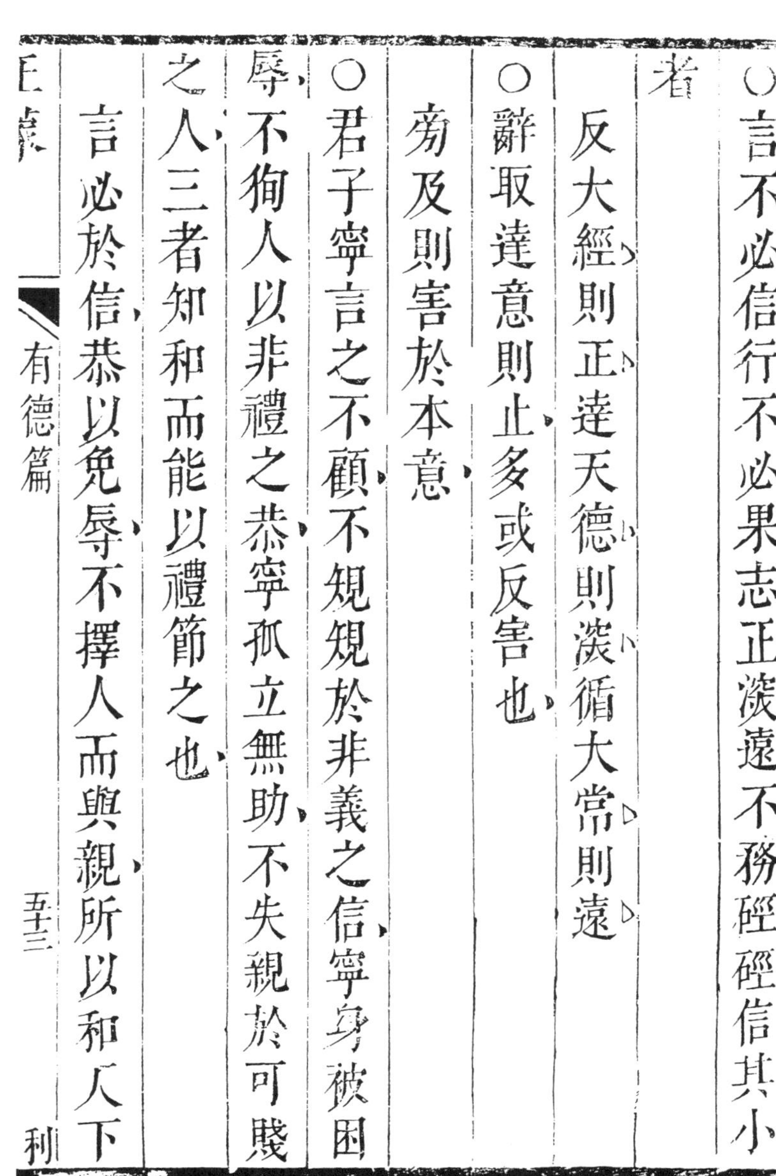

○言不必信、行不必果、志正深遠、不務硜硜、信其小者

反大經、則正、達天德、則深、循大常、則遠、

○辭取達意、則止、多或反害也、

旁及則害於本意、

○君子寧言之不顧、不規規於非義之信、寧身被困辱、不徇人以非禮之恭、寧孤立無助、不失親於可賤之人、三者知和而能以禮節之也、

言必於信、恭以免辱、不擇人而與親、所以和人下

也以禮節之者以禮立身雖不與世侮而終不枉

已所以節和而不流

與上有子之言文相屬而不相蒙者凡論語孟子發

明前文義各未盡者皆挈之他皆放此

挈相引而及也

○德主天下之善

主所要歸也德得於心而必以人心之同然者爲

歸偏見自得之善非善也

善原天下之一

原所從出也天下者萬事萬物之富有而皆原天
道自然之化陰陽相感剛柔相劑仁義相成合同
而利用者也若隨其偶感之幾茂立異同以成趨尚
則有不善者矣

善同歸治、故王心一、
期於善天下而已、張弛質文、善不同而同治、王心
定也、一者括萬理而貫通之、

言必主德、故王言大、
政教號令、因時因事、而皆主於心之所得以感人

心之同得則言約而可以統傳推之四海垂之百世咸爲法則此言王者之心本於一原而散於萬有體天地民物之理全備而貫通之故隨時用中一致而百慮異於執見聞以爲我私偏尚而流於霸功也

○言有教

言皆心得而可爲法則

動有法

動審乎幾而不踰乎閑

晝有爲、

日用皆察著而力行之

宵有得、

靜思以精義

息有養、

物無時不相引而靜正以養之勿使牿害

瞬有存、

心易出而外馳持理勿忘以因時順應此張子自得之實修特著之以自考而示學者其言嚴切先

儒或議其太迫、肰苟息心以静而不加操持嚴密之功、則且放逸輕安流入於釋老之虛寂、逮其下流、則有如近世王畿之徒、汩没誕縱、成乎無忌憚之小人、故有志聖功者、必當以此爲法、

○君子於民、導使爲德、而禁其爲非、不大望於愚者之道與禮、謂道民以言、禁民以行、斯之謂尒、

文義未詳、疑有闕誤、大畧謂不過望愚民而嚴爲之禁、但修之已者、言可法、行可則、以示民而感之使善、

○無徵而言取不信啟詐妄之道也

以意度之以理槩之雖其說是而取人不信且使詐妄者效之而造僞說以誣世

杞宋不足徵吾言則不言

得其大指可以義起而終不言

周足徵則從之故無徵不信君子不言

言天者徵於人言心者徵於事言古者徵於今所謂修辭立其誠也

○便僻足恭善柔令色便佞巧言

無識者取友取此而已故君子擇交莫惡於易與莫善於勝已已不逮而惡人之驕自棄者也僻當作辟、

節禮樂、不使流離相勝、能進反以爲文也、流於彼則離於此矣禮主於減所以裁抑形神而使不過、然必進以爲文者鼓動其懽欣暢達之情以行禮則無强制不安而難繼之憂樂主乎盈、以舒志氣而使樂於爲善然必反以爲文者收斂神情如其自得者而樂之則無隨物以靡往而不復之傷。蓋禮樂互相為節而成章。其數精。其義得。其合同而化之神斯須不忘而節自著故樂之不厭。

○驕樂侈靡、宴樂、宴安、其氣驕。驕者其用物必侈。侈則愈驕。其心好樂者、必偷安。則愈不知戒懼。

○言形、則卜如嚮、

言形謂可名言所疑、使卜人正告鬼神、無暗昧不可言之隱、以是知蔽固之私心、不能黙然以達於性與天道、性者神之凝於人天道神之化也蔽固者爲習氣利欲所蔽雖有測度性天之智而爲所固隘必且有意與天違之隱不得已而託於默以自匿是其求明之心早與性天之廓然大公昭示無隱者相違亦猶懷私而不能昌言者卜而神不告也陸王之學多所秘藏與釋氏握拳豎拂同其詭閟蓋弗能洞開心意以通極于天則故若明若昧無繇測性天之實也

○人道知所先後

謂篤親不遺舊

則恭不勞慎不葸勇不亂直不絞民化而歸厚矣大經正則自得其和矣合二章爲一亦挈前文之說而於義未安蓋聖賢之言推其極無不可以貫通而義各有指不可強合此則張子之小疵

○膚受陽也其行陰也

以膚受激烈明愬其迹陽也險而隱其情陰也

象生法必效故君子重夫剛者

象者心所設法者事所著膚受雖內陰而外陽歟

其險譎不能終隱則其後必苶肰而自失心柔則事必不剛也剛者無欲而伸有其心乃有其事則純乎陽而千萬人吾往矣必言象法者以凡人未有事而心先有其始終規畫之成象此陰陽之序善惡之幾君子所必審察也

○歸罪爲尤罪已爲悔

人歸罪于已爲尤已既失而追自咎爲悔言寡尤者不以言得罪於人也

言必於理之有徵人孰得而辠之

○己所不欲、勿施於人、能恕己以仁人也、

恕己、猶言如己之心、

在邦無怨、在家無怨、己雖不施不欲於人、然人施於己能無怨也、

反仁反禮而已、此仁者存心之常定也、

○敬而無失、與人接而當也、

親疎尊卑、各得其分誼、

恭而有禮、不爲非禮之恭也、

恭以自靖、非徇物也、

○聚百順以事君親、故曰孝者畜也、又曰畜君者好君也、

畜之爲言聚也、孝子於親、忠臣於君、致其心而不假於外、非期聚乎百順也、然其誠之專至則凡心之所念、身之所爲、物之所遇、皆必其順於君親者而後敢爲、則不期於事之順而自無不順矣、然後可以養親之志而引君於道、

○事父母先意承志

意將動而先知之、則順其美而幾諫其失、志之所

在則承之以行而無違

故能辨志意之異然後能教人

因禮文而推廣之於意言先於志言承則可從不可從分矣意者乍隨物感而起也志者事所自立而不可易者也庸人有意而無志中人志立而意亂之君子持其志以慎其意聖人純乎志以成德而無意蓋志一而已意則無定而不可紀善教人者示以至善以亟正其志志正則意雖不立可因事以裁成之不然待其意之已發或趨於善而過

獎之或趨於不善而亟絶之賢無所就而不肖者莫知所懲敎之所以不行也

○藝者日爲之分義涉而不有得不居功過而不存不恃才而數爲之故曰游所依者仁而已藝者仁之迹

○天下有道道隨身出

身不徒出、道隨以行、

天下無道、身隨道居、

道不可行、身必隱也。此謂愛身以愛道。見有道而不見有身。

○安士、不懷居也、

懷、則有所從違而不安、

有爲而重遷、無爲而輕遷、皆懷居也、

有爲重遷、爲利所靡也、無爲輕遷、非義所當、太激於一往而忿之、

○老而不死是爲賊，幼不孝教，長無循述，老不安死，三者皆賊生之道也，

孝教循述以全生理，安死以順生氣，老不安死，欲寧神靜氣以幾幸不死，原壤蓋老氏之徒，修久視之術者，屈伸自然之理，天地生化之道也，欲于天化以偷生，不屈則不伸，故曰賊生。

○樂驕樂則佚欲，凡侈皆生於驕也，樂宴安則不能徙義，

偷安則以義爲緐難而外之莊告是也

○不僭不賊、其不忮不求之謂乎、

不忮則不越分而妄作、不求則不損物以利巳、心平則動皆無咎、

○不穿窬、義也、謂非其有而取之曰盜、亦義也、惻隱仁也、如天、亦仁也、故擴而充之、不可勝用、

仁義之全體具足於性、因推行而有小大爾、小者不遺、知天性之在人、大而無外、知人之可達於天、

○自養、薄於人、私之

欲希衆而要譽、

厚於人、私也、

有意忘物、

稱其才、

當作財、

隨其等、無驕吝之弊、斯得之矣、

厚人者驕、自厚者吝、君子之用財、稱物平施、心無

繫焉爾、

○罪已則無尤

引過自責盡仁盡禮尤之者妄人而已不足恤也

○困辱非憂取困辱爲憂

以取困辱爲憂則困辱不足憂矣

榮利非樂忘榮利爲樂

有道則若固有之

○勇者不懼死且不避而反不安貧則其勇將何施

恥不足稱也

人有氣誼所激奮不顧身而不能安貧者不受嘑

蹴以死而受萬鍾勇之所施施於所欲而已勇莫

勇於自制其欲

仁者愛人彼不仁而疾之深其仁不足稱也皆迷謬不思之甚故仲尼卒歸諸亂云

思死與貧之孰重孰輕則專致其勇於義矣思彼之可疾惟其不仁而我疾之甚則自薄其愛人將疾我矣必內篤其仁而後愛篤以溥

○擠人者人擠之侮人者人侮之出乎爾者反乎爾理也

不仁無禮者所應得

勢不得反、亦理也、

反則戚乎相報、無已之勢、自反而無難於妄人、君子自盡容物之理。

○克已行法爲賢、

不已榮利、失自守之道。克已之事也。審其宜而進退、行㳒之事也。

樂已可㳒爲聖、

自有其樂、進退屈伸、因時而不累其心、皆得其中、允爲行藏之㳒。

聖與賢迹相近而心之所至有差焉、辟世者依乎中庸沒世不遇而無嫌、辟地者不懷居以害仁、辟色者遠恥於將形、辟言者免害於禍辱、此爲士清濁淹速之殊也、

知幾則速、速則純乎清矣、知幾者非於幾而察之心純乎道、樂以忘憂、則見幾自明、故曰知幾其神乎、

辟世辟地、雖聖人亦同、然憂樂於中與賢者其次者爲異、故曰迹相近而心之所至者不同、

賢者未免於憂自克而已聖人樂天雖憂世而不以爲悶

○進賢如不得已將使卑踰尊疏踰戚之意與表記所謂事君難進而易退則位有序易進而難退則亂也相表裡

君慎於進賢非吝也士慎於自進非驕也天位天職非已所得私君臣交慎則天理順而人能畢效矣

○弓調而後求勁焉馬服而後求良焉士必慤而後

智能焉、不懲而多能、譬之豺很、不可近、

君之取士、士之取友、以此求之、則不失懲者人之恒心也、小人之誤國而賣友者、唯無恒而已、

○谷神能象其聲而應之、

谷之虚而能應者曰神、象其聲、無異響也、非謂能報以律吕之變也、

以虚應物而能象之、彷彿得其相似者而已、不能窮律吕之變、不能合同於異、盡情理之微也、猶卜筮叩以是言、則報以是物而已、易所謂同聲相

應是也

神之有方者非能變者也

王弼謂命呂者律語聲之變非此之謂也

命猶倡也律倡之呂和之而聲之變乃備律呂清濁洪細之不同合異而同變乃可盡故孤陽不生獨陰不成至中之理仁義不倚君子之道出處語默之不齊命官取友之無黨高明沈潛之相濟中道之矩神化之所以行也若應所同而違所異則小人之道矣惟其中無主而量不宏以谷神爲妙

用而不以誠也、

○行前定而不疚、光明也、

前定者、非執一而固必之、正大經以應天下、昭肰使人喻之、

大人虎變、夫何疚之有、

大經正、而萬變、皆載、其威、神、行不同而心則一、所以不疚、

○言從作乂、名正其言易知、人易從、聖人不患爲政難、患民難喻、

德禮之精意、民不能知、挈其要以定大經故修辭立誠、聖人有其難其慎者。詳則多疑。略則不喻。春秋之筆削游夏不能贊一辭以此。

有司篇

有司政之綱紀也

素習其事則大綱具悉

始爲政者未暇論其賢否必先正之

正其職掌

求得賢才而後舉之

爲政者迫於有爲急取有司而更易之以快一時之人心而新進浮薄之士驟用而不習於綱紀廢事滋甚惟任有司而徐察之知其賢不肖而後有

所取舍、則事之利病、我既習、知人之賢否、無所混匿、此遠大之規。存乎慎緩也。

○爲政不以德人不附且勞、勞爲民擾也、不本諸心得之理、非其至當、雖善而拂人之性。

○子之不欲、雖賞之不竊、欲生於不足、則民盜、能使無欲、則民不爲盜、假設以子不欲之物、賞子使竊其所不欲、子必不竊、故爲政者、在乎足民、使無所不足不見可欲、而盜必息矣、田疇易稅斂薄則所可欲者已足食以時用以禮已足而無妄欲卽養以寓教民不知而自化矣爲政必身倡之且不愛其勞又益之以不倦以乾乾夕惕之心臨民則民化以無爲淸靜自逸則民偷

○天子討而不伐諸侯伐而不討自合六師曰討奉詞合衆曰伐故雖湯武之舉不謂之討而謂之伐伐夏救民燮伐大商皆曰伐是也雖無可奉之命

必正告諸侯、衆允而後連師以伐。

陳恒弒君、孔子請討之、

聖人於名、必正、不輕言討、必有所據、

此必因周制、鄰有弒逆、諸侯當不請而討、

胡氏曰、先發後聞可也。

孟子又謂征者上伐下、敵國不相征、然湯十一征非

賜鈇鉞、則征討之名至周始定乎、

疑湯之已賜鈇鉞、又疑夏商未定征伐之名、皆正

名必謹乎微之意、

○野九一而助、郊之外助也、國中什一使自賦、郊門之內通謂之國中、田不井授、故使什而自賦其一也、助九一、賦十一者、助則公田之耕其種饁、皆上給也、郊近郊、滕地方五十里、三十里外之遠郊、非其境矣、

○道千乘之國、不及禮樂刑政、而云節用愛人使民以時、言能如是、則法行、不能如是、則法不徒行、禮樂刑政、亦制數而已爾

節用禮之本、愛人樂之本、使民以時、則政簡而刑

不濫、制數皆藉此以行、慈儉存心於萬物之原也、

○富而不治、不若貧而治、事得其理曰治、國不治、雖富而國必危、

大而不察、不若小而察、盡民之情曰察、地大民衆而不得民之情、民必不附、

○報者天下之利、率德而致、自有德於人、不求報而自致、

善有勸、不善有沮、皆天下之利也、小人私巳故利於

不治、

治、明辨也、德怨不報。苟利目前而已、

君子公物、利於治、

使天下樂於德而憚於怨。與人爲善之公也。此明

以德報怨、爲小人之術。

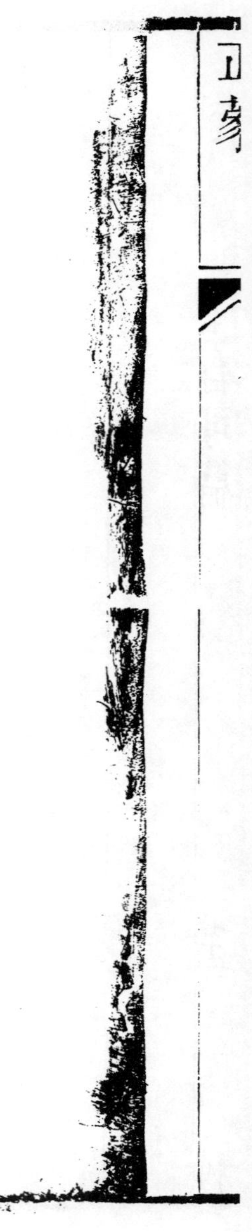

張子正蒙下卷下

大易篇

此篇廣釋周易之指、有大義、有微言、旁及於訓詁而皆必合於道、蓋張子之學、得之易者深、與周子相爲發明、而窮神達化、開示聖學之奧、不拘於象數之末以流於術數、則與邵子自謂得伏羲之秘授比擬分合者逈異、切問近思者、所宜深究也、

大易不言有無、言有無、諸子之陋也、

則有所以爲明、幽有所以爲幽、其在幽者、耳目見

聞之力窮而非理氣之本無也老莊之徒於所不能見聞而決言之曰無陋甚矣易以乾之六陽坤之六陰大備而錯綜以成變化爲體故乾非無陰陰處於幽也坤非無陽陽處於幽也剝復之陽非少夬姤之陰非微幽以爲縕明以爲表也故曰易有太極乾坤合於太和而富有日新之無所缺也若周子之言無極者言道無適主化無定則不可名之爲極而實有太極亦以明夫無所謂無而人見爲無者皆有也屈伸者非理氣之生滅也自明

而之幽爲屈、自幽而之明爲伸、運於兩間者恒伸而成乎形色者有屈、彼以無名爲天地之始、滅盡爲真空之藏、猶瞽者不見有物而遂謂無物、其愚不可瘳已。

〇易語天地陰陽情僞、至隱賾而不可惡也、

神化雖隱、變合雖賾、而皆本物理之固然、切生人之利用、故不可厭惡。

諸子馳騁說辭、窮高極幽、而知德者厭其言。

諸子論天人之理、而終於無所行者、必不能與之

相應、則又爲遁辭以合於流俗、使人喪所守而波靡以浮沈於世、知德者知其言之止於所不能見聞、而非其實、故厭之、

故言爲非難、使君子樂取之爲貴、可以通天下之志、成天下之務、盛德大業資焉、而有益於學、則君子樂取之、

○易一物而三才、陰陽氣也、而謂之天、剛柔質也、而謂之地、仁義德也、而謂之人、

才以成乎用者也、一物者太和絪縕、合同之體、含

德而化光其在氣則爲陰陽在質則爲剛柔在生人之心載其神理以善用則爲仁義皆太極所有之才也故凡氣之類可養而不可強之以消長者皆天也凡質之類剛柔具體可以待用載氣之清濁柔強而成仁義之用者皆地也氣質之中神理行乎其間而惻隱羞惡之自動則人所以體天地而成人道也易備其理故有見有隱而陰陽分有奇有偶而剛柔立有德有失而仁義審體一物以盡三才之撰也謂之云者天地人亦皆人爲之名

而無實不能有名無理不能有實則皆因乎其才也。

○易爲君子謀，不爲小人謀。

若火珠林之類有吉凶而無善惡，小人資之謀利，君子取之，竊所未安，

故撰德於卦，

不但言吉凶而必明乎得失之原，乾且曰利貞，況其餘乎？貞雖或凶未有言利而不貞者也。

雖爻有小大，

陰過爲小陽勝爲大失其時位則得失姝矣

及繫辭其爻必諭之以君子之義

有小人之爻而聖人必繫之以君子之辭剝之六五陰僭之極而告以貫魚之義或使君子治小人或使小人知懼不徇其失而以幸爲吉若火珠林之類謀利計功盜賊可以問利害乃小人徼幸之術君子所深惡也

○一物而兩體其太極之謂與陰陽天道象之成也剛柔地道法之效也仁義人道性之立也

成而爲象、則有陰有陽、效而爲法、則有剛有柔、立而爲性、則有仁有義、皆太極本所並有、合同而化之實體也、故謂太極靜而生陰、動而生陽、自其動幾已後之化言之、則陰陽因動靜而著、若其本有爲所動所靜者、則陰陽各有其體、而動靜者、乃陰陽之動靜也、靜則陰氣聚以函陽、動則陽氣伸以盪陰、陰陽之非因動靜而始有明矣、故曰兩體、不曰兩用、此張子之言所以獨得其實、而非從呼吸之一幾測理之大全也、

三才兩之莫不有乾坤之道

三才各有兩體陰陽柔剛仁義皆太和之氣有其至健又有其至順並行不悖相感以互相成之實

○陰陽剛柔仁義之本立而後知趨時應變

三才之道氣也質也性也其本則健順也純乎陽而至健立純乎陰而至順立周易並建乾坤於首無有先後天地一成之象也無有地而無天有天而無地之時則無有有乾而無坤有坤而無乾之道無有陰無陽有陽無陰之氣無有剛無柔有柔

無剛之質，無有仁無義、有義無仁之性。無陽多陰少、陰多陽少、實有而虛無、明有而幽無之理。則屯蒙明而鼎革幽，鼎革明而屯蒙幽。六十四卦六陰六陽具足，屈伸幽明各以其時而已。故小人有性，君子有情，趨時應變者，惟其富有，是以可日新而不困。大易之蘊，唯張子所見深切著明，盡三才之撰以體太極之誠，聖人復起不能易也。邵子謂天開於子而無地，地闢於丑而無人，則無本而生，有待而滅，正與老釋之妄同，非周易之道也。

故乾坤毀則無以見易

乾坤非有毀也曲學之士執所見聞偶肰之象而雜以異端之小慧見乾則疑無陰見坤則疑無陽見夬姤則疑無剝復見屯蒙則疑無閞華因幽之不可見而疑其無則是毀之矣毀乾坤十二位之實體則六十二位之錯綜何據以趨時應變哉

○六爻各盡利而動

筮之策老則動而變蓋道至其極而後可以變通非富有不能日新堯仁極矣而後舜可用其竄殛

文王順極矣而後武王可行其變伐德未盛而變則妄矣

所以順陰陽剛柔仁義性命之理也

其動也有大有小有當位有不當位蓋在天之氣有溫肅在地之質有利鈍在人之性有偏倚化不齊而究無損於太極之富有其理固然則雖凶而無悔雖吝而無咎善用之者皆可以盡天道人事之變而反其大經故爻頭而有至孝之子國亡而有自靖之臣極險阻以體易簡則何屈非伸而天

下之理無不得易之爲君子謀者順性命而變不失常也

故曰六爻之動三極之道也

天地人所必有之變也

○陽徧體衆陰衆陰共事一陽理也

體者爲之幹而逹其情以治之也事順而承之也

此因時之變而言之震巽坎離艮兌皆乾坤之變也若易之全體乾坤合德君子小人同歸於道天理人欲從心不踰則爲理之大宗無所容其亢抑

矣。

是故二君共一民、

爭亂之端、

一民事二君、

立心不固、

上與下皆小人之道也、

上無讓德。下有貳心。亂世之道。小人之時爲之。以此而推、心無定主而役耳目以回惑於異端。氣不輔志、而任其便以張弛。皆小人之道。而忠信以爲

主博學詳說以反約斯君子之所尚明體適用之學於此辨之而已

一君而體二民

容保者大

二民而宗一君

大一統

上與下皆君子之道也

上不泄忘下無異志治世之道君子之時爲之

○吉凶變化悔吝剛柔易之四象與悔吝由嬴不足

而生、亦兩而已、

天地之四象陰陽剛柔也、易之四象、則吉凶悔吝也、吉凶天之命、陰陽之變化也、悔吝剛贏柔不足之情、因乎地之質也、皆自兩儀而生、純陽爲天、純陰爲地、而天有陰、地有剛、又各自爲陰陽、二而四、四而合二、道本如是、非判然一分而遂不相有也、在天有陰陽、在陽有老少、在數有九七、在地有柔剛、在陰有老少、在數有六八、於是而四象成、故易一爻之中、有陰有陽有老有少而四象備焉、震坎艮之一陽、老陰所變、巽離兑之一陰、老陽所變、故曰四象生八卦、邵子乃畫奇耦各一之象爲兩儀、增爲二畫之卦、爲四象、又增三畫之卦、爲四畫之卦、凡十六、又增爲五畫之卦、凡三十有二、苟合其加一倍之法、立無名無象無義之卦、則使因倍而加極之萬億而不可象、非所謂致遠恐泥者歟、

○尚辭則言無所苟、

尚謂尊信而效法之、易辭本陰陽之定體、以顯事理之幾微、尚之、修辭皆誠矣、

尚變則動必精義、

少不變以循禮之中也。老變以達事之窮也。尚之隨時而求當、義必精矣、

尚象則法必致用、

推陰陽剛柔動止以制器、其用必利、

尚占則謀必知來、

因其時義以定吉凶。君子之謀與神合。知屈伸自然之理而順之也。

四者非知神之所爲、孰能與於此、

易具其理而神存乎其中，必知神之所爲顯於象數，而非徒象數，肰後能學易而盡四者之用。王輔嗣之流，脫略象占，固有所未盡；而謂易但爲占用，幾與王遁、火珠林等，則健順毀而幾無以見易。然則四尚之義，缺一而不足以知易，故善言易者，其唯張子乎。

○易非天下之至精，則詞不足待天下之問。假設以啟疑，而斷其必肰也。天下之問至賾，易以易簡之詞盡之，問者各得焉。惟精於義而不倚形

象之粗也此言尚辭
非淺不足通天下之志
通天下之志所以窮理也此言尚變
非通變極數則文不足以成物象不足以制器幾不
足以成務
極數盡數之損益而止於其則故大衍止於五十
乾坤之策止於三百六十卦止於六十四爻止於
三百八十四變通而有極故言而有物行而有制
制器而適於用此言尚象

非周知兼體則其神不能通天下之故不疾而速不行而至

乾坤並建陰陽六位各至足以隨時而相爲隱顯以成錯綜則合六十四卦之德於乾坤而達乾坤之化於六十有二道足而神行其伸不吝其屈不悔故於天下之故遺形器之滯累而運以無方無體之大用化之所以不可知也此明易之爲道聖人以天性之神盡天地之妙而立爲大經達爲百順非其他象數之學所可與也焦贑京房虞翻之

流惡足以知此、況如火珠林之鄙倍乎、

○示人吉凶、其道顯矣、

貞妄得失吉凶、必應其則、示天下以可知也。

知來藏往、其德行神矣、

吉凶未著、從其貞妄之性情而早知其變之必至。

所以詔天下於德者、其用神也。

語蓍龜之用也、

用所以前民、而正其行也、

○顯道者、危使平、易使傾、懼以終始、其要無咎之道

也

吉凶之變危而可使平易而或以傾得失爭於善惡之幾能戒懼以持其終始則要歸於無咎其道至約而昭示無隱所謂顯也乃已成之象占也

神德行者寂然不動冥會於萬化之感而莫知爲之者也

道雖顯於象占而其所繇然不待事幾之至前設其理於陰陽未剖之先豫以應天下之感人之所以不能知者易已早知而待之唯其達乎屈伸動

静之妙故不俟時至事起而謀之此不測之神因乎誠者也

受命如響故可與酬酢

天道人事本通一而相酬荅也

曲盡鬼謀故可以佑神

佑助也鬼神之謀奚能喻於人而易曲盡以著其忠告是贊助乎神也

開物於幾先故曰知來明患而弭其故故曰藏往

弭患於前而後效著於後易之戒占者其貽謀久

遠也

極數知來前知也

前知者非偶因一數之盈虛而測之盡其數之所有而萬變皆盡來者無窮莫之能踰也

前知其變有道術以通之君子所以措於民者遠矣變無常而道自行乎其中勸進其善之利而戒以惡之所自積則民咸可喻於君子之義而天下萬世共繇以利用安身

○潔靜精微不畧其迹知足而不賊則於易深矣

此釋禮記經解之言、而示學易之法、潔靜者不以私瀆亂而潔清其志、靜以待吉凶之至也、精微者察其屈伸消長之理、而研於義之所宜也、不累其迹者、因數而知象、數爲象立、不泥於數、因象而窮理、象爲理設、不執於象也、知足不賊者、止於義之所可、而不謀利計功、徼幸於吉之先見以害正命也、如此以學易、則可以寡過、以占筮、則知懼而無咎矣、彼執象數而役志於吉凶者、固不足以與於易也、

○天下之理得元也、
萬事萬物皆天理之所秩敘、故體仁則統萬善、
會而通亨也、
理無不通、故推而行之皆順、
說諸心、利也、
利合於義、則心得所安、
一天下之動、貞也、
大經正、則隨所動而皆不失其正、此推本而言之、
謂乾具此四德、故以備萬善而協於一也、四德分

而體用自相爲因元貞體也亨利用也惟元統天下之理故於事通而於心說貞者貞於其元惟貞於仁故通萬變而心常安乃必通乎事而理始咸得說乎心而後居正不疑則亨利用也而抑爲體故文言分析四德而象則大亨而利正其義一也孔子之易曾何異於文王哉

○乾之四德終始萬物迎之隨之不見其首尾天德之生殺本無畛域以一歲而言循環往來無有顯著之轍迹非春果爲首冬果爲尾以萬物而

言各以其生殺爲春秋其春榮而冬落者卽本之凋者而已葢四德隨時而用物亦隨所受而見爲德此見爲義者彼見爲仁絪緼一氣之中不倚一理以爲先後唯用之各得而已故曰天德不可爲首有首有尾則運窮於小成而有間斷矣

然後推本而言當父母萬物象明萬物資始故不得不以元配乾坤其偶也故不得不以元配坤

推其父母萬物者而言之則資始之德元爲首天生之卽地成之故資生之德元爲首然未生而生

巳生而繼其生則萬物日受命於天地而乾坤無不爲萬物之資非初生之生理畢賦於物而後無所益且一物有一物之始卽爲一物之元非天地定以何時爲元而資之始生因次亨次利待貞已竟而後復起元也在人之成德而言則仁義禮信初無定次故求仁爲本而當其精義則義以成仁當其復禮則禮以行仁當其主信則信以敦仁四互相爲緣起此惟明於大化之渾淪與心源之寂感者乃知元亨利貞統於乾坤之妙而四德分配

之際說貞下起元之偏辭不足以立矣象之以乾元坤元言資始資生者就物之生借端而言之爾此章舊分爲二章今合之

○仁統天下之善禮嘉天下之會義公天下之利信一天下之動

惟其會於一原故時措之而無不宜不肰則一德之用在一事而能周乎天下哉先儒皆以智配貞而貞者正而固循物無違正也終始不渝固也則貞之爲信明矣卽以木火金水言之坎之象曰行

險而不失其信，則君子之取於水者，取其不舍晝夜之誠，非取其曲流委順、遇員而員、遇方而方之詭隨也。君子之智以知德，仁而不愚，禮而不僞，義而不執，信而不諒，智可以周行乎四德，而聽四德之用。智，知也；四德，行也。匪知之艱，惟行之艱，行焉而後可爲德。易之言貞，立義精矣。張子之知德，迺出於諸子之上，於此信矣。

○六爻擬議，各正性命，故乾德旁通，不失太和而利且貞也。

此釋乾彖乾道變化四句之義以龍德擬議六爻之道自潛而亢各有性命之正時位不齊應之異道而皆不違乎太和之理則無不利而不失其正此純乾之所以利貞也不肰因時蹈利則違太和之全體而非貞矣

○顏氏求龍德正中而未見其止故擇中庸得一善則拳拳服膺歎夫子之忽焉前後也得渾淪合一之理則隨變化而性命各正合太和之全體顏子之所欲幾及而未逮也

○乾三四位過中重剛，庸言庸行不足以濟之，

九二得中，故庸言庸行足濟，

雖大人之盛有所不安，外趨變化，內正性命，故其危其疑。

九三曰厲，九四曰或。

艱於見德者，時不得舍也。

舍，止也，以庸言庸行爲可據之德，止而不疑，則時可舍而舍矣。乾之三四，雖大人之庸德可行，而大經之正，必旁通於危疑，德不易見，安能遽自信而

釋其憂乎。舜以不得乎親、不可以爲人爲危疑、而

後庸德可見時爲之也、

九五。大人化矣、天德位矣、成性聖矣、

歷乎危疑。而誠之至者、變無不通。故大化而聖。

故既曰利見大人、又曰聖人作而萬物覩、

爲天下所利見、而天下化之。大人之進乎聖也。蓋

聖人之德、非於大人之外、別有神變不測之道。但

誠無不至。用以神、而不用以迹。居德熟而危疑不

易其心。及其至也、物自順之、而聖德成矣。

亢龍有悔、以位畫爲言、若聖人則不失其正、何亢之有、

上九之亢。聖人之窮、亦屈伸之常理、非聖人之亢。有以致之。知進退存亡、必有則、安死、全歸、而道、合於太虛。況窮困乎、位畫所值、聖人何疑焉、乾之六爻、純乎龍德。九二之學問、寬仁其本也。三四之危疑。所以通乎變也、九五之利見、變而通也、上九之亢、屈伸之常也。相因而互成、此乾道之旁通。而無不利者。不失其正也。

○聖人用中之極、不勉而中、有大之極、不爲其大、仁熟則不待勉、義精則下學上達、不顯其大、歷乎危疑而成性、九五之德也、大人望之、所謂絶塵而奔、峻極于天、不可階而升也、大人閑邪存誠、而後光輝達、故不能測聖之藏

○乾之九五曰飛龍在天、利見大人、乃大人造位天德、造七到反、至也、位臻其域也、成性躋聖者爾、

以乾道保合太和、歷危疑而時乎中、大人義精仁熟而至乎聖、此孔子耳順從心之候也、若夫受命所出、則所性不存焉、時則則聖人不違矣、故不曰位乎君位、而曰位乎天德、不曰大人君矣、而曰大人造也、

乾體本六陽純成、而自爻言之、有漸造之象焉、惟德則日躋而聖、若位則乘時以登、無漸升之理、以爲自潛而見、歷危疑躍飛而有天下、則是曹操司

馬懿之妄干神器、皆大人矣、易不爲小人謀、故必
以言德者、爲正、
○庸言庸行蓋天下經德達道、大人之德施於是者、
溥矣、
溥周徧也、明倫察物、無所遺也、
天下之文明於是者、著矣、
秩叙明、則禮樂興、
成非窮變化之神、以時措之宜、則或陷於非禮之禮、
非義之義、

時變而執其常、則不中而非禮、不宜而非義、雖盡人物之性、善惡吉凶、逹乎天之竝育竝行不相悖害者。以貞其大常。而後成巳成物無有不化。此乾道之所以必歷三四之危疑。而始得時中。以造飛龍之天德也。

此顔子所以求龍德正中、乾乾進德、思慮其極、未敢以方體之常安吾止也、顔子庸德已至、閑邪存誠、方進乎九三之惕厲、而未得九五之安止、方體之常。庸德之大綱也。拳拳

服膺之善也

○惟君子爲能與時消息、順性命、躬天德而誠行之也

萬物皆備于我而會屈伸於一致乃能與物消息若大經未正而急於乘時則性命不順、聖德之時中與無忌憚之迹相似而實相違也誠行之者無非心理之實然

精義時措、故能保合太和、健利且貞、

時措則利、保和則貞、而聖功唯在精義精義則入

神。

孟子所謂始終條理，集大成於聖智者與？易曰：大明終始，六位時成，時乘六龍以御天。乾道變化，各正性命，保合太和，乃利貞。其此之謂乎！

大明者，智之事也。天下之變不可測，而不能起乎大經。大經之法象有常，而其本諸心之不貳者，變化該焉。故庸德之修，進而歷危疑，以盡變具邪，萬變之不齊，皆屈伸之常。天德之誠不息，則無屈不伸，而萬物皆覩，是智之事，非徒聰明之察，乃剛健不息歷變而常力行精義而抵乎大明之效也故乾卦閱潛見躍飛而終始乎剛健惟其不貳是以不測天德聖功一而已矣以卦象言之天之純乎乾無漸者也以卦之數言之筮者自一奇以至於十八變純乎奇而得乾有漸者也卦言乾而不言天天無爲而運行有序聖有功而成章始達不得以天之渾成言乾乾爲天而卦非徒言天也

○成性則躋聖而位天德

謂九五

乾九二正位於內卦之中、有君德矣、而非上治也、庸德盡於己、則秩敘正可以君天下矣、非上治者未能盡萬物之性、以達其變而使之化也、

九五言上治者、言乎天之德、聖人之性、故捨曰君而謂之天、見大人德與位之皆造也、君德正己以正物、天德正己而物自正、位謂德敘之成、

○大而得易簡之理、當成位乎天地之中、時舍而不受命乾九二有焉、

乾以易知而兼言簡者，九二以陽居陰也。君德成矣，而不欲受命，知前之有危疑，必乾惕而不可止故也。

及夫化而聖矣，造而位天德矣，則富貴不足以言之。善世而不伐，欲罷而不能，加以乾乾夕惕，乃造於聖，聖則無疑於受命。時出則有天下而不與，時未出則以匹夫行天子之事。非徒富貴也，位天德者，德即其位也。

○樂則行之，憂則違之，主於求吾志而已，無所求於

外、

此聖功之始、闇然爲已之修也、

故善世博化、龍德而見者也、

龍之爲龍一也、蟄而見、見而飛、龍無異道、而蟄以求伸、道日盛、善世博化、光輝不能隱也、充實之美而進乎大、可以見矣、

若潛而未見、則爲已而已、未及人也、

爲已可以及人、然必成章而始達、

○成德爲行、德成自信、則不疑所行、日見乎外可也、

誠有諸已、而充實無疑於見之行矣此初九之馴

至乎九二也、

○乾九三修辭立誠、非繼日待旦如周公不足以終

其業、

修辭所以成天下之務立誠所以正在巳之經九

二德成而可見之行九三則修應世之業業因物

而見功事賾而變不測事變之興、不易以達吾之

義惟處心危而歷事敏業乃可終故九二立本九

三超時成章而達也

九四以陽居陰，故曰在淵。

心隱而不能急喻諸物也。

能不忘於躍，乃可免咎。

含德自信而不求物之喻，可靜而不可動，無以化天下。故必不忘躍。

非爲邪也，終其義也。

然其不忘於躍，乃義之固然，變而不失其中，及物而非以失已，有密用焉。達此則可造於天德矣。義者因時大正之謂，終其義，歷險而成乎易也。

○至健而易、至順而簡、

反天下之大經、無所間雜、故易簡天不能違、化物而倦、則健順至矣、

故其險其阻、不可階而升、不可勉而至、

心純乎理、天下之至難者也、見聞之知、勇敢之行、不足以企及也、

仲尼猶天、九五飛龍在天、其致一也、

聖功熟則不測而天矣、

○坤至柔而動也剛、乃積大勢成而然也、

惟剛乃可以載物、地之載必積廣厚、故曰地勢坤順理之至於物無撓非老氏致柔之說也

○乾至健無體爲感速、故易知、

乾氣之健也無體者至健則不滯於一事隨方即應可以御萬理而不窮故無所遲疑洞達明示而易知

坤至順、不煩、其施普、故簡能、

坤情之順也、順天而行已無專見之能以煩擾爭功而乾之所至隨效焉故不言勞而功能自著

此以乾坤之德言

○坤先迷不知所從、故失道、後能順聽、則得其常矣、以順爲德者、無必爲之志、而聽乾之生、因而成之、則先無適從而有所順聽、乃得大常之理、所謂無成有終也、臣道也、婦道也、下學之道也、君子之學以乾爲主、知之而後效、故大學之始、必知止至善以立大經、而後循循以進、斯善用坤而不迷、

○造化之功、發乎動、不動則不生、屈而伸、動之機、爲生之始、震也、

畢達乎順、

動而順其性、則物各自達、巽也、

形諸明、

畢達則形發而神見矣、離也、

養諸容、

不息其長養、惟其厚德能容也、坤也、

載遂乎說、

能容則物自得而欣暢、兌也、

潤勝乎健、

潤字疑誤自得堅勝而成質乾也

不匱乎勞

歷險阻而各有以自成坎也

終始乎止

成則止矣止者即止其所動之功終始一則艮也

此釋帝出乎震一章之義而以動爲造化之權輿則以明夫不動不止而歷至於止皆以善其動而爲功彼以無爲爲化源者終而不能始俯而不能伸死而不能生眛於造化之理而與鬼爲徒其妄

明矣。

○健動習止、剛之象、順麗入說、柔之體。體謂體性。此言八卦成能之用、故不言陰陽而言柔剛。

○巽爲木、萌於下、滋於上。陰弱爲萌、陽盛爲滋、滋盛也。

爲繩直、順以達也。陰不違陽、故順而直達者、順之功效。

爲工、巧且順也。

陰不亢而潛伏、巧也、順者順物之理、

爲白、所遇而從也、

遇藍則青、遇茜則赤、陰從於陽、無定質也、

爲長爲高、木之性也、爲臭風也、入也、

臭因風而入鼻、不因形而達、

於人爲寡髮廣顙、躁人之象也、

陽亢於陰、故躁、凡言爲者、皆謂變化之象也、萬物之形體才性、萬事之變遷、莫非陰陽屈伸消長之所成、故說卦略言之以通物理、而占者得其事應

皆造化必肰之效肰可以理通而不可以象測執而泥之則亦射覆之賤術而已矣

○坎爲血卦周流而勞血之象也入於險阻故勞血經營身中勞則溢爲赤其色也

血亦水穀之滋得勞而赤

○離爲乾卦於木爲科上槁附且躁也

躁當作燥一陰附於兩陽燥之而燥

○艮爲小石堅難入也

陽止於上、下有重陰不能入、爲徑路通、或寡也、止則寡通、

○兌爲附決、內實則外附、必決也、陽盛陰雖附之、必爲所決絕、爲毀折、物成則上柔者必折也、一陰孤立於上、不能自固、

○坤爲文、衆色也、一色表著曰章、衆色雜成曰文、坤廣容物、多受雜

色、

爲衆容載廣也、

○乾爲大赤、其正色、

此取乾南坤北之象、

爲氷、健極而寒甚也、

又取乾位西北之象、於此見八卦方位初無定在、

隨所見而測之、皆可爲方、故曰神無方、易無體、無

方而非其方、無體而非其體也、分文王伏羲方位

之異、術士之說爾、

○震爲萑葦爲蒼筤竹爲旉皆蕃鮮也

旉花也蕃盛鮮明動則榮也

○陷溺而不得出爲坎一附麗而不能去爲離

一奇畫讀如奇坎陽陷陰中入于坎窞離陰爲主

于內二陽交附之二卦皆以陽取義不使陰得爲

主扶陽抑陰之義

○艮一陽爲主於兩陰之上各得其位而其勢止也

易言光明者多艮之象

卦有艮體則繫之以光明

著則明之義也

陽見於外爲著陽明昭示而無所隱巽於震之動也微坎之陷也匿

○蒙無遽亨之理由九二循循行時中之亨也

初生始蒙其明未著無能遽通乎萬事惟九二得中以陽居陰循循漸啟其明則隨時而養以中道所以亨也天之生人也孩提之知識惟不叩發異於雛犢之慧故靈於萬物取精用物資天地之和漸啟其明而知乃通天之中也聖人之教人不能

早喻以廣大高明之極致、敷五教以在寬而蕃民時變、循文禮以善誘、而高堅卓立、不使之迫於小成而養之以正、聖人之中也、故曰大學之教存乎時。

○不終日貞吉、言疾正則吉也。

善惡之幾、決於一念、濡滯不決、則陷溺不振、仲尼以六二以陰居陰、獨無累於四、故其介如石、欲而能反於理、不以聲色味貨之狎習相泥相取、一念決之而終不易、雖體柔順，以其在中而靜，何俟終日，必知幾而正矣。小人之誘君子，聲色貨利之引耳目，急與之爭，必將不勝，惟靜以處之，則其不足與爲緣之幾自見，故曰無欲，故靜，靜則欲止不行，而所當爲之義以靜極而動，沛然勇爲，而無非正矣。

○坎維心亨，故行有尚，外雖積險，苟處之心亨不疑，則難必濟，而往有功也。

陽在內，心象也。二陰陷陽，險矣，而陽剛居中，秉正不撓，直行而無憂疑，忠臣孝子之所以遂志而濟

險行其所當爲泰然處之而已

中孚上巽施之下悅承之其中必有感化而出焉者

益孚者覆乳之象有必生之理乳音孺

中孚二陰在內疑非施信之道然以柔相感如鳥之伏子有必生之理炎武所謂以柔道治天下者亦治道之一術也敬按孟子曰中也養不中才也養不才中孚者養道也必信乃能養也

○物因雷動雷動不妄以其時出則因不妄

則物、亦不妄、

雷出而物生必信、

故曰物與无妄、

雷之動也、無恒日、無恒聲、無恒處、此疑於不測而非有誠然、陽氣發以應天、自與物候相感而不忒、聖人之動神化不測、出人億度之表而乘時以應天、天下自效其誠、皆天理物性之實然無所增損也、

○靜之動也、無休息之期、

聖人之動，因感而動，事至而念起，事去而念息，君子於物感未交之際，耳目不倚於見聞，言動不形於聲色，而不顯亦臨，不諫亦入，其於靜也，無瞬息之怠，放而息，則其動也，亦發邇而不忘遠，及遠而不泄邇，終身終日，不使其心傀焉，此存心窮理盡性之學也。

故地雷爲卦，言反又言復，

地，靜體也，雷，動幾也，反，止於靜也，復，與於動也，終則有始，循環無窮。

事物有終始，心無終始，天之以冬終，以春始，以亥終，以子始，人謂之肰爾，運行循環，天不自知終始也。謂十一月一陽生，冬至前一日無陽者，董仲舒之陋也。復之為卦，但取至靜而含動之象，豈有時哉。卦氣之說，小道之泥也。

入，指其化而裁成之爾。

入，非收視反聽，寂靜以守臭之謂也。化之未形，裁之以神，而節宣其化，入者所以出也。入坊本作人，葢誤。

浚其反也、

極浚以窮其理、反求之內也、

幾其復也、

反而具復之道、

又曰、出入無疾、

其入不忘、故其出不妄、動靜一致而靜不偏枯動不凌競矣、

○益長裕而不設、益以實也、

益損外卦四爻之陽以益初爻、使羣陰得主、陽以

富有之實而益人，故施之可裕，而非所不可損者強與之益。益者否之變，益之以陽所以消否。敔按：三陽三陰之卦，皆自否泰而來，故曰益者否之變。

妄加以不誠之益，非益也。

非所當得而益之，爲不誠。

井渫而不食，強施行，惻然且不售，作易者之歎與！

強施行，不忍置也。惻然不食而情愈迫也。作易者謂周公，周公盡心王室，而成王不受訓，心懷耿憂，所以歎也。其後孔子於魯，孟子於齊，知不可而爲

之世終莫知聖賢且無如之何故竭忠盡教而人

不窮君子之所深惻也

○闔戶靜密也闢戶動達也

陰爻耦闢象也而言闔戶者坤之德順以受陽之施闔而納之處靜以藏動也陽之爻奇闔象也而言闢戶者乾之德健而發施於陰者無所吝而動則無不達也陰陽質也乾坤性也闔闢之體用互用不倚於質之所偏此乾坤之互爲質性而不爽夫太和也

形開而目覩耳聞、受於陽也、

形陰之靜也、開者陽氣動而開之、覩聞乘其動而遠焉。雖陰魄發光而必待開於陽、故闢者陽之功能。寐則陰函陽而闔之於內、陰之效也、靜以居動則動者不離乎靜。動以動其靜。則靜者亦動而靈。此一闔一闢。所以爲道也。敔按莊子曰其寐也魂其覺也形開張子蓋取交言而以易闔其闢之義通之

○辭各指其所之、聖人之情也、

指、示也、所之者、人所行也、吉凶存乎命。而著乎象。

人所攸往之善存乎性。而覩其所趨。聖人正天下以成人之美。遠人之惡者。其情於辭而見。故易之繫辭。非但明吉凶而必指人以所趨嚮。指之以趨時盡利。順性命之理。臻三極之道也。

指示占者。使崇德而廣業。非但告以吉凶也。趨時。因時擇中。日乾夕惕也。盡利。精義而行。則物無不利也。能率吾性之良能。以盡人事。則在天之命順者俟之。逆者立之。而人極立。贊天地而參之矣。蓋一事之微。其行其止。推其所至。皆天理存亡之幾。

精義以時中則自寢食言笑以至生死禍福之交皆與天道相爲陟降因爻立象因事明占而昭示顯道無一而非性命之理易爲君子謀初非以趨利避害也

能從之則不陷於凶悔矣

因所占以進退精義則無不利矣

所謂變動以利言者也

變動謂占者玩占而從義利者利用而合於義也

肰爻有攻取愛惡本情素動因生吉凶悔吝而不可

變者、時位不相當、陰陽不相協、故天數人事、有攻取愛惡之不同、性情動於積素、以生吉凶悔吝、旦夕莫可挽回者、非天數之固肰、攻取愛惡所釀成者漸也、

乃所謂吉凶以情遷者也、

君子之情豫定、則先迷而後必得、小人之情已淫、則惡積而不可揜、故履信思順、則天佑而无不利、迷復則十年有凶、非理無可復、情已遷則不可再

返也。

能深存繫辭所命，則二者之動見矣，命、告也，爻所告人者也，二者盡利之道。遷變之情也。情遷者，君子安命而無求。利告者，君子盡道以補過。惟深察乎繫辭，則自辨其所之矣。

又有義命當吉當凶，當否當亨者，當吉則居富貴而不疑，當凶則罹死亡而不恤，當否則退藏以聽小人之利，當亨則大行而司衮鉞之權。

聖人不使避凶趨吉，一以貞勝而不顧。

辭明示以凶，而不爲謀趨吉之道，貞勝則凶不避也。

如大人否亨，

雖否而亨。

有隕自天，

禍福忽至而不知所自來。

過涉滅頂凶无咎，

雖凶无咎。

損益龜不克違、

福至非其所欲而不能辭。

及其命亂也之類、

雖吉而非正命。

三者情異、不可不察、

有隕自天、不克違、則愼所以處之、其命亂則必否之、否亨凶無咎、則決於赴難而不懼、三者天數物情之之必有、貞勝而不爲所動、聖人之情亦見乎辭。此大易所以與術數之說、喻義喻利之分也、

○因爻象之既動、明吉凶於未形、故曰爻象動乎內、吉凶見乎外、

爻象以理而生、象數在人、爲善惡得失之幾、初動於心、故曰內、吉凶因象數而成、得失之跡、在人爲事、起物應、而成敗著見、故曰外、

○富有者、大無外也、

神行於天地之間、無所不通、天之包地、外而並育並行者、乾道也、

日新者、久無窮也、

順受陽施以成萬化而不息榮枯相代而爾見其新坤道也

○顯其聚也隱其散也

聚則積之大而可見散則極於微而不可見

顯且隱幽明所以存乎象

於其象而觀之則有幽明之異人所知也

聚且散推盪所以妙乎神

其聚其散推盪之者神爲之也而其必信乎理者誠也以易言之乾陽顯而陰隱坤陰顯而陽隱也

蒙閧華剝復夬姤之屬。相錯而迭爲隱顯、聚之著也。乾坤並建而大生廣生、以備天下之險阻。位有去來、時有衰王、維之盪之、日月雷風男女死生榮謝、同歸而殊塗。萬化不測、而必肖其性情神之妙也。非象所得而現矣。

○變化進退之象云者、進退之動也。微必驗之於變化之著。故察進退之理爲難、察變化之象爲易。變者陰變爲陽、化者陽化爲陰。六十四卦互相變易而象成。進退者推盪而屈伸也。推之則伸、伸而進。

盪之則屈而退而變化生焉此神之所爲非存神者不能知其必然之理然學易者必於變化而察之知其當然而後可進求其所以然王弼得言忘象得意忘言之說非也

○憂悔吝者存乎介欲觀易象之小疵宜存志靜知所動之幾微也

悔吝非凶故曰小疵爻之有悔吝動違其幾在幾微之間介靜察其理則正而失宜過不在大審之於獨知之際以消息其應違不容不戒懼矣

○往之爲義有已往

如素履往之類、

有方往、

如往蹇之類、

臨文者不可不察、

已往則保成而補過、方往則勉慎以圖功、察其文

可以因其占而得所宜、

樂器篇

此篇釋詩書之義而先之以樂、樂與禮爲體用者也、

樂器有相、周召之治與、

相韋表穅裹、記曰、治亂以相、相之音菀而不宣、所以節音之雜、亂周召之治、還醇止亂之道、

共有雅、大公之志乎、

雅柷類以木、爲桶中有椎、擊之、記曰、訊疾以雅、促樂使疾也、功以速成而定、故曰太公之志、

雅者正也、直已而行正也、故訊疾蹈厲者太公之事邪、

敬勝怠、義勝欲、正已而正人、以伐無道、事不得緩、詩亦有雅、亦正言而直歌之、無隱諷譎諫之巧也、正雅直言功德、變雅正言得失、異於風之隱譎、故謂之雅、與樂器之雅同義、即此以明詩樂之理一、

○象武、武王初有天下、象文王武功之舞、歌維清以奏之、（自注）成童舞之

戡黎伐崇、文王之武功、

大武、武王沒、嗣王象武王之功之舞、歌武以奏之、（自注）冠者舞之、酌、周公沒、嗣王以武功之成由周公、告其成於宗廟之歌也、（自注）十三舞焉

酌禮記作勺、此明詩樂之合一以象功、學者學詩則學樂、興與與成始終同其條理、惟其與發志意於先王之盛德大業、則動靜交養以暢於四支、發於事業、蔑不成矣、

○與己之善觀人之志、羣而思無邪、怨而止禮義、入可事親、出可事君、但言君父、舉其重者也、

奮發於爲善而通天下之志羣而貞怨而節盡已

與人之道盡於是矣事父事君以此可以寡過推

以行之天下無非中正和平之節故不可以不學

○志至詩至有象必可名有名斯有體故禮亦至焉

象心有其成事之象也禮見於事而成洽則也詩

以言達志禮以實副名故學詩可以正志可以立

體

○幽贊天地之道非聖人而能哉

凡有其理而未形待人而明之者皆幽也聖人知

化之有神、存乎變合而化可顯、故能助天地而終其用、

詩人謂后稷之穡、有相之道、贊育之一端也、天能生之、地能成之、而斟酌飽滿以全二氣之粹美者、人之能也、穡有可豐美之道、而未盡昭著、后稷因天之能、盡地之利、以人能合而成之、凡聖人所以用天地之神、而化其已成之質、使充實光輝皆若此

○禮繙實求稱、或文或質、居物後而不可常也、

實、情也情不足則益之以文、情有餘則存之以質

物亦實也、情已動而事且成、乃因時因事而損益

之在情事之後、矯之正也、文質各矯其偏、故不可

常、

他人才未美、故絢飾之以文莊姜才甚美、乃更絢飾

之用質素、

質已成之後、禮因損益之以致美、無一定之絢在

才質之先也、此明因才節宜之道、存乎禮故有其

質者不可不學禮以善其後、

下文繪事後素，素謂其材，字雖同而義施各異，故設色之工，材黄白者必繪以青赤，材赤異必繪以粉素，繪非異色則文不足以宣，故禮以人之情而著其美，酌情事之異而損有餘補不足也。敬按此章注義亦就張子之意而通之。

○陟降庭止，上下無常，非爲邪也，進德修業欲及時也，在帝左右，所謂欲及時者與。作而有爲，上也，陟也；退而自省，下也，降也。一陟一降，皆有天理之明明赫赫者臨之於庭，則動靜無

恒而一於正道不執一則存省愈嚴陟降一心德業一致此黽乾夕惕存神盡性之密用作聖之功於斯至矣

○江沱之媵以類行而欲喪朋故無怨嫡以類行而不能喪其朋故不以媵備數類者貴賤之分朋私心也媵安於卑賤之類而忘己私嫡處於尊貴而恃其類懷私以不能容物此得朋喪朋之異公私之分也

卒能自悔得安貞之吉乃終有慶而其嘯也歌

自悔則能喪其私而先迷後得矣、坤之爲德以厚載有容爲美、而私心間之、則吝而驕、惟去私以廣容而後能承天以利正、婦道也、臣道也、下學遜志遏欲以存理之始功也。

○采枲耳、議酒食、女子所以奉賓祭厚君親者足矣、又思酌使臣之勞推及求賢審官、王季文王之心豈是過與、

此引伸毛傳之旨而廣言之、盡仁孝以爲本、而推以愛賢任官、王季文王之德也、后妃以順承之則

乾坤合德矣、

○甘棠初能使民不忍伐、上聲中能使民不忍傷、卒能使民知心敬而不覆之以拜、以拜爲致敬之辭、於義未安、非善教寖明能取是於民哉、

○振振勸使勉也、歸哉歸哉、序其情也、

先勸君子急公而後望其歸、發乎情、止乎禮義、

○卷耳念臣下小勞則思小飮之、

兕觥、

大勞則思大飲之、

金罍、

甚則知其怨苦噓歎婦人能此、則陰詖私謁害政之心、知其無也、

一於正則不邪、

○綢直如髮貧者紒縰無餘、順其髮而直韜之爾、

縰以帛斂髮而作紒古者紒不露髮帛有餘則斜纚繞之、帛不足則裁直條、如其髮之長而直韜之、

此言儉而不失其容也、

○蓼蕭崇華、有譽處兮、皆謂君接已溫厚、則下情得伸、讒毀不入而美名可保也、

處謂居之安也、讒毀之入、皆繇君有刻薄疑忌之心、君仁臣忠、無所容其間矣、

○商頌顧予烝嘗、湯孫之將、言祖考來顧以助湯孫也、

祭者子孫之心、肰必時和年豐、天人胥洽、而後禮備而孝思可伸、則在祖考之佑助也、古者以祭成

爲人福、致按引此亦與陟降庭止在帝左右之意相通

○鄂不韡韡、兄弟之見不致文於初本諸誠也、

鄂花萼不音跗、花承萼帶小莖也、花方含榮文未著而韡韡之生意在中、與兄弟之好一本諸誠非徒尙文、

○采苓之詩、舍旃則無肰、爲言則求所得、所譽必有所試、厚之至也、

舍旃、毀之令斥也、無肰無毀也、爲言、揚其美也、求所得、察其何所得當於道、譽必試也、毀則無譽必

試、而謂之厚者、人之刻薄賊恩、喜怒自任、非其本心、惟輕信人言、而不自求諸心、能不因人爲毀譽、則好惡從心、而傷害於物者多矣、

○簡、略也、無所難也、甚則不恭焉、

難太聲、於物無所難、以爲不足較也、

賢者仕祿、非迫於飢寒、不恭莫甚焉、

孔子爲委吏乘田、免於飢寒、則太之、此伶官非以貧故、而謂世不足與有爲、仕於卑賤、不恭之甚矣、

簡兮簡兮、雖刺時君不用、然爲士者不能無太簡之

讚，故詩人陳其容色之盛，善御之強，

推其賢以責備之，

與夫君子由房由敖，不語其材武者異矣，

君子陽陽安分自得，無疾世之意，故無責焉，

○破我斧，缺我斨，言四國首亂，烏能有爲，徒破缺我斧斨而已，

四國商奄管蔡，

周公征而安之，愛人之至也，

諒其無能爲而不窮兵致討，念其愚而安之，周公

之心、純乎仁愛、

○伐柯、言正當加禮於周公、取人以身也、

屈己而後能下賢、

其終見書、予小子其新逆、

成王終成此詩之志、

○九罭、言王見周公當大其禮命、則大人可致也、

君臣合德、則禮命自隆、大人以道致、所謂同聲相應、同氣相求也、

○狼跋、美周公不失其聖、卒能感人心於和平也、

庸人處變而不知自裁以禮、其賢者則改節降志、以自貶損而免患若郭子儀是已、聖人達於屈伸之感、而貞其大常靜正而物自感、心無私累、則物我之氣俱順、人心之和平、公心之和平化之也、

○甫田歲取十千、一成之田九萬畝、九萬畝、百井也、按四井爲邑、四邑爲丘、四丘爲甸、甸地方八里、旁加一里爲成、止六十五井五萬八千五百畝、此云九萬畝未詳、公取十千畝、九一之法也、

○后稷之生當在堯舜之中年、

舜攝政而使稷教稼穡、已彊仕矣、此云中年、未詳、而詩云上帝不寧、疑在堯時、高辛子孫爲二王後而詩人稱帝爾、

此謂上帝爲天子之稱、疑者未定之辭、實則稷蓋帝摯之子、生於諸侯廢摯、堯即位之初、摯堯兄也、兄廢弟立、未嘗改姓易服、不得稱二王後、此說未安、

○唐棣枝類棘枝、隨節屈曲、

〔一〕未詳

其華一偏一反、嚮外生者偏、內出者反、左右相嬌、因得全體均正、偏喻管蔡失道、反喻周公誅殛、言我豈不思兄弟之愛、以權宜合義、主在遠者爾、

所繫者、家國之大、

唐棣本文王之詩、以唐棣爲棠棣、又云文王作、蓋誤、

此一章周公制作序巳情而加之。

謂周公增此一章。

仲尼以不必常存而去之。

漢注合上可與共學爲一章。以偏反之反爲反經合權之比。而張子因之。義多未順。張子之學主於心得。於博學詳說之功多所簡忽。若此類是也。

○日出而陰升自西。日迎而會之。雨之候也。

日自東而西。微雨自西而東。與日相會合。陰陽和則雨。

喻昏姻之得禮者也、

陽迎陰男下女以崇廉節也、

日西矣而陰生於東、

日已去而陰逐其後日無會雨之心雨強奔隨之雨終不成、

喻昏姻之失道者也、

朝隮于西崇朝其雨正而和也、蝃蝀在東則人莫敢指、不正之氣也、張子此說爲長、朱子謂虹蜺天之淫氣、不知微雨漾日光而成虹、人見之朕爾、非

實有虹也言虹飲於井者野人之說

〇鶴鳴而子和言出之善者與善則物必應

鶴鳴負潛畏聲聞之不藏者與

鶴鳴而聲聞於天負潛而或在渚不善則不可掩也故必善其鳴而慎其潛乃以得臧取喻同而義異易以言好仁之益詩以示惡不仁之警

〇鴥彼晨風鬱彼北林晨風雖鷙擊之鳥猶時得退而依淺林而止也

與勞人之不得息、

○漸漸之石言有豕白蹢、烝涉波矣、豕之負塗曳泥、其常性也、今豕足皆白、衆與涉波而去、水患之多爲可知也、

水患多、則征人勞、

○君子所貴乎道者三、猶工天下有三重焉、言也動也行也、

君子所貴乎道、求之身而已、言行動皆本諸身之道、立其本而中和致、乃可以制禮作樂若讀數文

章，稽於衆，習之者能贊之，猶籩豆之事任之有司可也。故道以反經爲大。

○苟造德降，則民誠和，而鳳可致，故鳴鳥聞所以爲和氣之應也。諴當作誠

天地人物之氣，其原一也。民和則天和，不干天和則物效其和，德施普降，和氣達於萬民，而物應之不爽矣。

○九疇次敘，民資以生，莫先天材，故首曰五行。

疇，事也。九事皆帝王臨民之大法。五行者，非天化

之止於此、亦非天之秩分五者而不相爲通、特以民生所資厚生利用需此五者、故炎上潤下曲直從革稼穡及五味、皆就人所資用者言之、五行天産之材、以養民而善用之者、君道也、五事天命之性、以明民而善用之者、君德也、皆切乎民事而言、故曰範曰疇、漢以後儒者不察、雜引術數家言、分配支離、皆不明於洪範之旨、而醫卜星命之流、因緣附會以生尅休王之鄙說、張子決言其爲資生之材、以闢邪說、韙矣、

君天下必先正己、故次五事、

正己而後可正人、踐形盡性所以正己、

己正然後邦得而治、故次八政、

八政以節宣五行而立爲常典、

政不時舉、必昏、故次五紀、

合於天、乃順於人、

五紀明然後時措得中、故次建皇極、

極建則隨時以處中、

求大中、不可不知權、故次三德、

剛柔正直各適其宜、權也、

權必有疑、故稽疑、

循常而行、人謀定則可不待卜筮、行權有疑而後

決之以鬼謀、

可徵、然後疑決、故次庶徵、

卜筮隱而天象顯、

福極徵、然後可不勞而治、故九以嚮勸終焉、

刑賞合天、則大法行而非徒恃法也、

五爲數中、故皇極處之、權過中而合義者也、故三德

處六下

次敘之說，亦理之一端，以緯書證之，抑有不盡然者，讀者不必泥也，

○親親尊尊，

周道也，

又曰親親尊賢，

周公治魯之道，

義雖各施，然而親親均，則尊其尊，尊尊均，則親其親，爲可矣，

親尊互酌而重者見矣，若親均尊均則齒不可以不先，此施於有親者不疑，昭穆亦序齒之推也。若尊賢之等，則於親之殺，必有權而後行。賢均則以親蹠尊畀爲等，急親賢爲堯舜之道，親賢謂親而賢者，然則親之賢，先得之於疎之賢者爲必然，先得，急之也，謂先舉而尊之，

堯明俊德於九族、而九族睦、

明顯也、表而尊之、則人皆喻於爲善之榮、

章俊德於百姓、而萬邦協、黎民雍、

九族之賢既、舉而後舉庶士、百姓、謂百官賜族姓者、

皐陶亦以惇叙九族、庶明勵翼、爲邇可遠之道、

庶明、庶士之賢者、邇可遠、謂即邇以及遠、

則九族勉敬之、人固先明之、然後遠者可次叙而及、

周道以親親爲、本一堯舜之道也、

大學謂克明俊德爲自明其德、不若孔氏之注愈

○義民、安分之良民而已、

僅免於惡、而不足與爲善

俊民俊德之民也、

俊大也、德大則所施亦大

官能、則準牧無義民、

鄉黨自好者可使安於野、而不可使在官、

治昏、則俊民用微、

取小善而棄大德、昏主之所以壞風俗也、雖聖世

不能無鄉原、惟置而不用、則不足以賊德、

○五言、樂語歌詠五德之言也、

樂語、所歌之文詞、

○卜不習吉、言卜官將占、先決問人心、有疑乃卜、無疑則否、

理顯於明、而故索之幽、徒亂德而已、

朕志無疑、人謀僉同、故無所用卜、鬼神必依、龜筮必從、

幽明無二理、

故不必卜筮玩習其吉以瀆神也、

謀已決而欲得吉占、玩神以自快而已、

○衍忒未分、有悔吝之防、此卜筮之所由作也、

衍忒數之過也、事非常而過於常數、爲之則悔、不爲則吝、故卜筮以決之、若吉凶之數、適如其理、則受人之天下而不辭、蹈白刃而不避、何卜筮之有、卜筮者所以審在己之悔吝、而非爲吉凶也、

王禘篇

此篇略釋三禮之義，皆禮之大者，先王所以順天之秩叙，而精其義者也。張子之學，以立禮爲本，而言禮則辨其大而遺其細，蓋大經有一定之理，而恭敬撙節退讓之宜，則存乎人之隨時以處中，而不在乎度數之察也。

禮不王不禘，則知諸侯歲闕一祭，爲不禘明矣。

謂夏商春礿、夏禘，卽於夏季時享行大禘，諸侯不禘，則夏不祭。

至周以祠爲春、以禴爲夏、宗廟歲六享則二享四祭爲六矣、

二享禘祫、四祭祠禴嘗烝、

諸侯不禘、其四享與、

四時之祭闕其一、合祫而四、周制諸侯各以其方助祭天子、故其時不行宗廟之祭、

夏商諸侯、夏特一祫、王制謂礿則不禘、禘則不嘗、假其名以見時祀之數爾、作記者不知文之害意過矣、

王制蓋謂諸侯祠則不礿、礿則不嘗、亦言闕一祭

烝、假夏商時享之名、謂礿爲禘、於文未審、恐讀者不察、且疑諸侯之亦禘、害於禮矣、夏商諸侯、夏時天子大禘之時、而祫祭、非禘也、作記者漢文帝博士、

〇禘於夏周（當是商字之訛）爲春夏、嘗於夏商爲秋冬、作記者交舉、以二氣對互而言烝、言禘以該礿、言嘗以該烝、禮記專言禘嘗者、以陰陽二氣之變、故於夏秋之交相對而言、略春冬而舉夏秋、要以夏商之禮爲名、若周則禘在時享之

外、

○享嘗云者、享爲追享朝享、禘亦其一爾、

所自出之帝遠矣、故云追享、追享者、諸侯覲王亦

有享禮、以下奉上之通詞、故禘亦可云享、

嘗以配享亦對舉秋冬而言也、夏商以禘爲時祭、知

追享之必在夏也、

謂夏商因夏之時祭而行大禘、故以與嘗對舉、嘗

言秋冬享言春夏、

朕則夏商天子歲乃五享、

謂五祭、

禘列四祭、并祫而五也、

以不王不禘、禘爲大享、故知夏禘之外不更別行

時祭、

周改禘爲禴、則天子享六、

禘祫二祭、於四祭外別舉之、

諸侯不禘、

祫而不禘、

又歲闕一祭、則亦四而已矣、王制所謂天子犆礿、祫

禘祫嘗祫蒸既以禘爲時祭、則祫可同時而舉、(自注)礿以物薄故犆嘗從舊

祫禘云者、據夏商而言、祫禘祫嘗祫蒸、謂隨三時、可竝行祫祭、

諸侯礿犆、(自注)如天子禘一犆一祫、言於夏禘之時、正爲一祭、不祫也、

特一祫而已、

祫隨秋冬行之、

然則不王不禘、又著見於此矣、
大禘不得言犆、言祫、諸矦之言禘、非禘也、孟夏時
享之名也、
又云嘗祫烝祫、則嘗蒸且祫無疑矣、
秋嘗冬蒸、可於一時並行祫祭、實止一祫也、
若周制亦當闕一時之祭、則當云諸矦祠則不禴、禴
則不嘗、
以夏商之禮言故云禘、若以周制言之、則當云祠
禴不當云礿禘、作記者雜用三代之文、故害於意、

反復釋此、所以申明不王不禘之大義、

○庶子不祭祖、（自注）不止言王考而巳

大夫三廟而上皆有祖廟、祀始受命者、

明其宗也、（自注）明宗子當祭也、

庶子卽爲大夫、不得專立祖廟、後世乃可祖之、若宗子則雖不爲大夫、亦必祭祖、

不祭禰、（自注）以父爲親之極甚者故又發此文、

上庶子對繼祖之宗子而言、此庶子兼對繼禰之宗子而言、苟爲庶子、則禰且不祭、況祖乎、

明其宗也、

惟繼禰之宗子、乃得祭禰、庶子貴、以其牲就宗子而行事、

庶子不爲長子斬、不繼祖與禰故也、(自注)此以服言不以祭言故又發此義

凡庶子皆不繼祖、即有繼禰者、亦不爲其長子斬、況繼禰者雖嫡長、但繼已而已、非祖禰之繼、義不得伸、

○庶子不祭殤與無後者、註、不祭殤者父之庶、

註、鄭氏註也、不繼禰之庶子、不繼已之殤、葢以殤未足語世數、特以已不祭禰、故不祭之、

此釋鄭註、言殤非父之適孫、不足列世數、已既非繼禰之宗、則殤卑賤不得祭、

不祭無後者、祖之庶也、

二句鄭氏註文、於祖爲庶孫、雖於禰爲適子、可以祭殤而不可以祭諸父昆弟之無後者、雖無後、以其成人、備世數、當祔祖以祭之、已不祭祖、故不得而祭之也、

釋鄭注言已不敢入祖廟而祭、則共其祭物而宗子主焉已不祭也、祖庶之殤則自祭之也、

二句鄭氏注文、已爲祖庶、於禰爲適、則可祭已之適殤、

言庶孫、則得祭其子之殤者、以已爲其祖矣、無所祔之也、

釋鄭註、言庶子祖之庶也、已之殤、已之適長殤、已爲其祖者、已可祭禰、爲殤之祖矣、無所祔、言不須

祔于巳之祖廟、

凡所祭殤者、唯適子、

鄭氏註文此適子謂殤、

此據禮天子下祭殤五皆適子適孫之類、故知凡殤非適、皆不得特祭、惟從祖祔食、

釋鄭註、言必有承祖世爵之貴、乃特祭之、其他則雖世數、必祔食乃祭、

無後者謂諸父昆弟、

鄭氏註文、

殤與無後者、如祖廟在小宗之家、祭之如大宗、(自注)見曾子問注、

此引仲鄭注而言、祖廟在小宗之家、謂大夫更立祖廟、別爲一宗者、如在大宗、即祔於小宗家之廟、不必合於大宗、從祖而已、

○殷而上七廟、自祖考而下五竝遠廟爲祧者二、

據王制而言

無不遷之太祖廟、至周有不毀之祖、

謂后稷、

則三昭三穆、四爲親廟、二爲文武二世室、并始祖而七、

謂周之親廟止於四世、五世則祧、

諸侯無二祧、

謂世室、

故五、

四親廟與始封之君而五、

大夫無不遷之祖、則一昭一穆、

父與王父、

與祖考而二

祖考謂曾祖大夫不世官祀之三世而止

故以祖考通謂爲太祖

名爲太祖實祖考也以西向之尊故稱太祖

若祫則請於其君并高祖干祫之（自注）干祫之不當祫而特祫之也

并合也干求也大夫不得合祭貴大夫請於君而

得行合食之禮

孔註王制謂周制亦粗及之而不詳爾

孔註孔頴達疏王制所云非周制也天子諸侯親

廟各四、所謂五世而斬也、然二昭二穆必於四世、胡氏謂父死子繼、兄終弟及、皆爲一世、則有兄弟踵立、如齊桓公四子皆爲君、則不得祀其祖、且兄弟爲昭穆而昭穆亂、其說非也、人君無子、則早立繼嗣、必以其昭穆、其未立者非、如漢之沖質君道未成、則自私而輕宗廟、當以無後祔食之例祔於祖廟、而不入世數可知、雖天子諸侯無後亦不得特立廟也、

○鋪筵設同几、疑左右几一一云、

享祖考、以妣合食、則設同几、言同者、以别於左右各一几也、疑者釋其疑之謂、交鬼神異於人、故夫婦而同几、人道則夫婦有别、交祖考者以神道、神則陰陽合德而資生、孝子慈孫、以其精意感神於漠、即已之志氣而神在焉、已爲考妣合一之身、不得有陰陽男女之異、鬼神無嫌、不必别也、求之或於室、或於祊也、於室者正祭、於祊繹祭也、一神而求之多方、神無

定在也、夫婦同几而不嫌不嫌於同、一神兩求而不嫌於異、知分合聚散之理、然後知禮之精義而入神

○祭社稷五祀百神者、以百神之功報天之德爾、百神皆天之神所分著者也、隨所著而報之、天德無方體、唯天子饗帝、然抑分而使人各効其報以不忘資始之德、

故以天事鬼神、事之至也、理之盡也、

事鬼神而歸本於天、乃窮理以盡人事之至、淫祀者以鬼事鬼、不當於禮、其黷甚矣、

○天子因生以賜姓、諸侯以字爲謚、當是氏字之譌葢以尊統上、畀統下之義、

天子賜諸侯之姓、推原其所自生、故魯衛同於姬、齊紀同於姜、本所自出之帝、統於一尊、所以尊諸侯而上之、諸侯賜大夫之氏、因王父之字爲氏、不得上統於始祖、分族命氏、以明其所自出之畀、君臣之分於斯著矣、

天子因生以賜姓、難以命於下之人、亦尊統上之道也、

下之人同姓之大夫也、天子命其大夫之氏、亦必分而各使爲氏、與侯國同天子之大夫視侯、朕唯諸侯則因生賜姓、而大夫否、尊統於上、不得及下也、子男雖卑、君道也、天子之大夫雖貴、臣道也、此章舊分爲二、今合之、

○據玉藻疑天子聽朔於明堂、諸侯則於大廟、就藏朔之處、告祖而行、

聽朔、頒朔也、諸侯奉朔藏於太廟、每月告祖而行

胡氏曰、月、王月也、王者賫天敷治、自已制之、諸侯

不敢自專、待命於尊親、

○受命祖廟、作龜禰宮、次序之宜、

此師行之禮、受命宜於尊者、卜吉宜於親者、

○公之士、及大夫之衆臣、爲衆臣、公之卿大夫、卿大夫之室老、及家邑之士、爲貴臣、

公之士、公之衆、有司也、大夫之衆臣、仕於大夫爲群有司、非室老、又非宰邑者也、卿大夫公之貴臣、室老邑宰、大夫之貴臣、

上言公士、所以別士於公者也、

此釋喪禮之文、别士於公與士於家者也、士於家更不在公室衆臣之列、愈賤而服愈降、下言室老士、所以别士於家者也、别士於家者、於公之士也、公之士不爲大夫服、衆臣不以杖卽位、疑義與庶子同、分卑則不得伸其哀、

○適士疑諸侯薦於天子之士、及王朝爵命之通名、諸侯所薦、仕於天子而受三命爲士者、與諸侯之士有功而王命之者、皆曰適士、適士對庶士之稱、

蓋三命方受位天子之朝、

於王䨽有班位、

一命再命、受職受服者、疑官長自辟除、未有位於王

朝、故謂之官師而已。

官長六官之長、諸侯自命者亦如之、

○小事則專達蓋得自達於其君、不俟聞於長者、禮

所謂達官者也、

引周禮、以證禮記達官之義。

所謂達官之長者、得自達之長也、

官皆統於六官、爲之長、而達官又各有長、如今制欽天監行人司、遙屬禮部、而監正司正又爲之長所謂官師者、次其長者也、然則達官之長必二命而上者、官師則中士而再命者庶士則一命爲可知周禮小事則專達、天子之官也、諸侯亦有達官之長、故以周禮推之、卿其亦有專達之官、而有長有貳、長上士、貳則中下士、故達官之長、於諸侯爲貴臣、

〇賜官、使臣其屬也、（旨注）若卿大夫以室老士爲貴臣、未賜官則不得臣其士也、

明非但諸侯得有其臣、卿大夫既賜官、亦得臣其室老士、

○祖廟未毀敎於公宫、

女子許嫁敎之三月、則知諸侯於有服族人、亦引而親之、如家人焉、女子既肰則男子可知、諸侯絶朞而云有服者、以士禮推之五世内服屬也、

○下而飲者、不勝者自下堂而受飲也、其爭也爭爲謙讓而已、

自安於不能、讓道也、

○君子之射、以中爲勝、不必以貫革爲勝、侯以布、鵠以革、其不貫革而墜於地者、中鵠爲可知矣、鵠、棲皮於布侯之中也、布易貫、革難貫、至革而墜、中可知矣、

此爲力不同科之一也、

有力則貫、無力則否、先王因材取人、而不求備、於射禮見、其一、

○知死而不知生、傷而不弔、

傷哭也、

畏壓溺可傷尤甚、故特致哀死者、

畏兵死壓木石壓死、溺没水死、

不弔生者以異之、

雖知生亦不弔、蓋哀致於死者、則不暇及於生者、而致其親之死於畏壓溺、則不孝慈矣、雖與相知絶之可也、爲君父戰而死者、非畏也、不在不弔之科、

且如何不淑之詞、無所施焉、

有故而死、無容問之、此舊注文中釋之以明情與
文之必稱、
○慱依善依永而歌樂之也、
習其音調也、
雜服、雜習於制數服近之文也、
近、循習也、音調文儀、非禮樂之至、肰器繇道設舍
器而無以見道、
○春秋大要天子之事也、
大要謂褒貶寓刑賞之權、

故曰知我者其唯春秋乎、罪我者其唯春秋乎、

胡氏之說備矣、

○苗而不秀者與下不足畏也爲一說、

一說猶言一章、

乾稱篇

此篇張子書於西牖、示學者、題曰訂頑、伊川程子以啟爭爲疑、改曰西銘、龜山楊氏疑其有體無用、近於墨氏、程子爲辨明其理一分殊之義、論之詳矣、抑考君子之道、自漢以後、皆涉獵故迹、而不知聖學爲人道之本、然濂溪周子、首爲太極圖說以究天人合一之原、所以明夫人之生也、皆天命流行之實、而以其神化之粹精爲性、乃以爲日用事物當然之理、無非陰陽變化自然之秩敘、而不可違肰所疑者、自太極分爲兩儀、運爲五行、而乾道成男、坤道成女、皆乾坤之大德資生資始、則人皆天地之生、而父母特其所禪之幾、則人可以不父其父而父天不母其母而母地、與六經語孟之言相爲蹖盭、而與釋氏真如緣起之說雖異而同、則濂溪之旨、必有爲推本天親合一者而後可以合乎人心、順乎天理而無敝、故張子此篇不容不作而程子一本之說誠得其立言之奥、而釋學者之疑、竊嘗沈潛體玩而見其立義之精、其曰乾稱父坤稱母、初不曰天吾父地吾母也從其大者而言之則乾坤爲父母人物之胥生、生於天地之德也、固然矣從其切者而言之則別無所謂乾父卽生我之乾別無所謂坤母卽成我之坤惟生我者其德統天以流形故稱之曰父惟成我者其德順天而厚載故稱之曰母故書曰惟天地萬物父母統萬物而言之也詩曰欲報之德昊天罔極德者健順之德則就人之生而切言之也盡敬以事父則可以事天者在是盡愛以事母則可以事地者在是守身以事親則所以存心養性而事天者在是推仁孝而有兄弟之恩夫婦之義君臣之道朋友之交則所以體天地而仁民愛物者在是人之與天理氣一也而繼之以善成之以性者父母之生我使我有形色以具天性者也理在氣之中而氣爲父母之所自分則卽父母而溯之其德通於天地也無有間矣若舍父母而親天地雖極其心以擴大而企及之而非有惻怛不容已之心動於所不可昧是故於父而知乾元之大也於母而知坤

元之至也此其誠之必幾禽獸且有覺焉而況於人乎故曰一陰一陽之謂道乾坤之謂也又曰繼之者善成之者性誰繼天而善吾生誰成我而使有性則父母之謂矣繼之成之卽一陰一陽之道則父母之外天地之高明博厚非可躐等而與之親而父之爲乾母之爲坤不能離此以求天地之德亦昭然矣張子此篇補天人相繼之理以孝道盡窮神知化之致使學者不舍閨庭之愛敬而盡致中和以位天地育萬物之大用誠本理之至一

者以立言而闢佛老之邪迷挽人心之横流眞孟子以後所未有也惜乎程朱二子引而不發未能洞示來茲也此篇朱子摘出别行而張子門人原合於全書今仍附之篇中以明張子學之全體

乾稱父坤稱母

謂之父母者亦名也其心之必不忍忘必不敢背者所以生名之實也惟乾之健故不敢背惟坤之順故不忍忘而推致其極察乎天地切求之近以念吾之所生成則太和絪緼中含健順之化誠然

而不可昧故父母之名立而稱天地爲父母迹異而理本同也朱子曰天地者其形體迹之與父母異者也乾坤者其性情理之同者也

予茲藐焉乃混然中處

混然合而無間之謂合父母之生成於一身即合天地之性情於一心也

故天地之塞吾其體天地之帥吾其性

塞者流行充周帥所以主持而行乎秩叙也塞者氣也氣以成形帥者志也所謂天地之心也天地

之心性所自出也父母載乾坤之德以生成則天地運行之氣生物之心在是而吾之形色天性與父母無二卽與天地無二也

民吾同胞物吾與也

繇吾同胞之必友愛交與之必信睦則於民必仁於物必愛之理亦生心而不容已矣

大君者吾父母宗子其大臣宗子之家相也

家之有宗子父母所尊奉乃天之秩叙在人心理必奉此而安者唯其必有是心必有是理故三月

無君則皇皇如也居是邦則事其大夫之賢者與
不容已之誠而人道之所自立也
尊高年所以長其長慈孤弱所以幼其幼
家之有長幼必敬而慈之故心從其類有觸必感
此理人皆有之最爲明切
聖其合德賢其秀也
合德謂與父母之德合秀者父母所矜愛之賢子
孫也希聖友賢成身以順親即所以順天
凡天下疲癃殘疾惸獨鰥寡皆吾兄弟之顛連而無

告者也、

顛連無告、而無惻隱之心、則兄弟亦可不恤、故曰苟能充之、足以保四海、苟不充之、不足以保妻子生理之明昧而已

于時保之、子之翼也、樂且不憂、純乎孝者也、

守身以敬、親而事天則悅親而樂天無小大之異也

違曰悖德、害仁曰賊、濟惡者不才其踐形惟肖者也、

父母繼健順之理以生成吾所求肖者此也親志

以從而無違爲順然有可從不可從之異而理則唯其善而從之者爲順不從其善而從其不善或至於幾害天理則賊所生之理矣濟惡而不能幹蠱父母成乎惡而爲天之蠹矣故必踐形斯爲肖子肖乾坤而後肖父母爲父母之肖子則可肖天地矣故舜所踐者瞽瞍之形而與天合德

知化則善述其事窮神則善繼其志

化者天地生物之事父母之必教育其子亦此事也善述者必至於知化而引伸之以陶成乎萬物

神者天地生物之心理父母所生氣中之理亦即此也善繼者必神無不存而合撰於乾坤以全至德

不愧屋漏爲無忝存心養性爲匪懈

止惡於幾微存誠於不息聖功之至亦止以敬親之身而即以昭事上帝矣

惡旨酒崇伯子之顧養育英才潁封人之錫類

惟遏欲可以養親可以奉天惟與人爲善則廣吾愛而弘天地之仁

不弛勞而厎豫，舜其功也。

不可逆者親，而有時不能順；舜盡誠而終於大順。以此知天地之變化，剝復無恒，而大人撥亂反治，惟正己立誠，而可挽氣化之偏。

無所逃而待烹，申生其恭也。

道盡則安命，而不以死爲憂；蓋生我者乾坤之大德，非己自有生，而天奪之；故身爲父母之身，殺之生之無可逃之義；德未至於聖，無如自靖以俟命，體其受而歸全者參乎！

全形以歸父母，全性以歸天地，而形色天性初不相離，全性乃可以全形。

勇於從而順令者，伯奇也。

勇於從，不畏難也。乾坤之德易簡而已，而險阻該焉。故父母無不愛之子，而無苦難之令，勇於從則皆順矣。

富貴福澤，將厚吾之生也；貧賤憂戚，庸玉汝於成也。

乾坤之德至矣，或厚其生，或玉於成，皆所以成吾之德。父母之愛與勞，體此者也。無往而不體生成

之德何驕怨之有

存吾順事沒吾寧也

有一日之生則受父母之生於一日卽受天地之化於一日順事以沒事親之事畢而無擾陰陽之和以善所歸則適得吾常而化自正矣此章切言君子修身立命存心養性之功皆吾生所不容已之事而卽心以體之則莫切於事親故曰仁之實事親是也事親之中天德存焉則精義以存誠誠有不容自諉者若其負父母之生我卽負天地之

大德學者誠服膺焉非徒擴其量之弘而日乾夕惕之心常有父母以臨之惟恐或蔽於私以悖德而賊仁則成身之功不待警而自篤矣程朱二子發明其體之至大而未極其用之至切蓋欲使學者自求之而非可以論說窮其蘊也

乾稱篇下

此篇張子書之東牖以示學者、名曰砭愚、葢以砭二氏之愚、而明聖道之要、程子改曰東銘、○舊說唯戲言出於思也以下爲東銘、今按十七篇之數則此二篇合爲一篇明矣、正之、

凡可狀皆有也、

實有其體、故可狀、

凡有皆象也、

天地之間、所有者、形質雖殊、而各肖其所生、皆天

之所垂象者也。

凡象皆氣也、

使之各成其象者皆氣所聚也。故有陰有陽有柔

有剛、而聲色臭味性情功效之象著焉。

氣之性、本虛而神、

性謂其自然之良能、未聚則虛、虛而能有。故神虛

則入萬象之中而不礙。神則生萬變之質而不窮。

則神與性乃氣所固有、

自其變化不測則謂之神。自其化之各成而有其

條理，以定志趣而效功能者，則謂之性。氣既神矣，神成理而成乎性矣，則氣之所至，神必行焉，性必凝焉。故物莫不含神而具性，人得其秀而最靈者爾。耳目官骸，亦可狀之象，凝滯之質，而良知良能之靈無不貫徹。蓋氣在而神與性偕也。

此鬼神所以體物而不遺也。

鬼神者，氣之往來屈伸者也。物以之終，以之始，孰能遺之。此言天下當有之物，皆神之所流行，理之所融結，大而山澤，小而昆蟲艸木，靈而爲人，頑而爲物形形色色、重濁凝滯之質、氣皆淪浹其中、與爲屈伸、蓋天包地外而入於地中、重泉礦石天無不徹之化、則即象可以窮神、於形色而見天性、所以闢釋氏幻妄起滅、老莊有生於無之陋說、而示學者不得離皆備之實體以求見性也、

○至誠、天性也、

至誠者、實有之至也、目誠能明、耳誠能聰、思誠能慮、子誠能孝、臣誠能忠、誠有是形、則誠有是性、此氣之保合太和以爲定體者也、

不息天命也

天之命物於無而使有於有而使不窮屈伸相禪而命之者不已蓋無心而化成無所倚而有所作止方來不倦成功不居是以聰明可以日益仁義可以日充雖在人有學問之事而所以能肰者莫非天命惟天有不息之命故人得成其至誠之體而人能成其至誠之體則可以受天不息之命不肰二氣之妙合自流行於兩間而時雨不能潤槁木白日不能炤幽谷命自不息而非其命唯其有

形不踐而失吾性也。

人能至誠，則性盡而神可窮矣。

有至誠之性，在形中而盡之，則知神之妙萬物也。凡吾身之形，天下之物，形質嗜欲之粗滯，皆神之所不遺者。

不息，則命行而化可知矣。

天命不息，而人能瞬存息養，晨乾夕惕，以順天行，則刻刻皆與天相陟降，而受天之命，無有所遺於凡萬物變化，萬事險阻，皆有百順至當之理，隨喜怒哀樂而合於太和，所以感人心於和平而贊天地之化育者，自無間矣。

學未至知化，非真得也。（自注）舍氣有象否？非象有意否？

既言學必至於知化，又云舍氣無象，非象無意，以見知化之學，非索之於虛空變幻之中，即此形形色色庶物人倫之理，無一義之不精，無一物之不體，則極盡乎氣之良能，而化即在是，此至誠之所以無息。彼不誠無物者，以介然之悟，立幻妄之教，指休歇爲究竟，事至物遷而不能繼，性之不盡而

欲至於命其狂愚甚矣

○有無虛實通爲一物者性也

此理體驗乃知之於有而可不礙其未有於未有而可以爲有非見見聞聞之所能逮惟性則無無不有無虛不實有而不拘實而不滯故仁義禮智求其形體皆無也虛也而定爲體發爲用則皆有也實也耳之聰目之明心之慮麗於事物者皆有也實也而用之不測則無也虛也至誠者無而有虛而實者也此性之體摠爲朕也

不能爲一、非盡性也、

視之而見、聽之而聞、則謂之有、目窮於視、耳窮於聽、則謂之無、功效可居、則謂之實、頑然寂靜、則謂之虛、故老氏以兩間爲橐籥、釋氏以法界爲夢幻、知有之有而不知無之有、知虛之虛而不知虛之實、因謂實不可居、而有爲妄、此正彼所謂狥耳目內通而外於心知、捏目生花、自迷其頭者、而謂之盡性可乎、

飲食男女皆性也、

理皆行乎其中也。

是烏可滅。

釋老亦非能滅之，姑爲之說爾。

然則有無皆性也，是豈無對。

老釋以無在有外，夐然無對之孤允爲性，惟不知神之與氣，氣之與形，相淪貫而爲一體，虛者乃實之藏，而特聞見之所不逮尒。

莊老浮屠爲此說久矣，果暢眞理乎。

莊老言虛無，言體之無也；浮屠言寂滅，言用之無也。而浮屠所云眞空者。則亦錯用以歸於無體。蓋晉宋間人、緣飾浮屠以莊老之論、故教雖異而實同。其以飲食男女爲妄、而廣徒衆以聚食、天理終不可滅、唯以孩提之愛爲貪癡、父母爲愛惑、所感毀人倫。滅天理。而同於盜賊禽獸爾。

○天包載萬物於內、所感所性、乾坤陰陽二端而已、陰陽實體。乾坤其德也。體立於未形之中。而德各效焉、所性也。有陰則必順以感乎陽。有陽則必健以感乎陰。相感以動而生生不息。因使各得陰陽之撰以成體，而又生其感。

無內外之合，無耳目之引取，與人物蕞然異矣。

人物各成其蕞然之形，性藏不著而感以其畛，故見物爲外，見已爲內，色引其目而目蔽於色，聲引其耳而耳蔽於聲，因以所見聞者爲有，不可見聞者爲無，不能如天地之陰陽渾合，包萬物之屈伸而無所蔽也。

人能盡性知天，不爲蕞然起見，則幾矣。

知其性之無不有，而感以其動，感則明，不感則幽，

未嘗無也此不爲耳目蕞肰之見聞所域者也

○有無一內外合（自注）庸聖同

雖愚不肖苟非二氏之徒愚於所不見則於見聞之外亦不昧其有理人倫庶物之中亦不昧其有不可見之理而不可滅此有無之一庸之同於聖也既已爲人則感必因乎其類目合於色口合於食苟非如二氏之愚欲閉內而滅外使不得合則雖聖人不能舍此而生其知覺但即此而得其理而此內外之合聖之同於庸也

此人心之所自來也。

內心合外物以啟覺心乃生焉而于未有者知其有心也故人於所未見未聞者不能生其心若聖人則不專以聞見爲心故能不專以聞見爲用、流俗以遂聞見爲用、釋老以滅聞見爲用、皆以聞見爲心故也昧其有無通一之性則不知無之本有而有者正所以載太虛之理此盡心存神之功唯聖人能純體之超乎聞見而聞見皆資以備道也此章舊連下節爲一、今分之、

○無所不感者虛也感卽合也咸也

至虛之中陰陽之撰具焉絪縕不息必無止機故一物去而一物生一事已而一事興一念息而一念起以生生無窮而盡天下之理皆太虛之和氣必動之幾也陰陽合而後仁義行倫物正感之效也無所不合感之周徧者也故謂之咸然則莫妙于感而大經之正百順之理在焉二氏欲滅之愚矣

以萬物本一故一能合異以其能合異故謂之感若

井有異則無合

天下之物皆天命所流行太和所屈伸之化既有形而又各成其陰陽剛柔之體故一而異惟其本一故能合惟其異故必相須以成而有合然則感而合者所以化物之異而適於太和者也非合人倫庶物之異而統於無異則仁義不行資天下之有以用吾之虛咸之彖辭曰觀其所感而天地萬物之情見矣見其情乃得其理則盡性以合天者必利用此幾而不容滅矣

天性、乾坤、陰陽也、

我之性。乾坤之性。皆不越陰陽健順之二端。純駁良楛靈蠢。隨其質而皆兼體。二端、故有感、本一、故能合、

健順剛柔、相須以濟、必感於物以生其用。而二端本太和。感之斯合矣。以知聲色臭味君臣父子賓主賢愚、皆吾性。相須以合一之誠不容滅也。

天地生萬物、所受雖不同、皆無須臾之不感、所謂性即天道也、

天地之寒暑雨暘風雷霜露生長收藏皆陰陽相感以爲大用萬物之所自生即此動幾之成也故萬物之情無一念之間無一刻之不與物交嗜欲之所自興即天理之所自出耽嗜慾者迷於一往感以其蕞肰之聞見而不咸尒非果感之爲害也若君子辨有存息有養晨乾夕惕以趨時而應物則即所感以見天地萬物之情無物非性所皆備即無感而非天道之流行矣蓋萬物即天道以爲性陰陽具於中故不窮於感非陰陽相感之外別

有寂然空窅者以爲性釋氏欲卻感以護其蕞然之靈違天害性甚矣

○感者性之神性者感之體（自注）在人在天其究一也

健順性也動靜感也陰陽合於太和爲物不貳然而陰陽已自成乎其體性待感而後合以起用天之生物人之成能非有陰陽之體感無從生非乘乎感以動靜則體中槁而不能起無窮之體體生神神復立體繇神之復立體說者遂謂初無陰陽靜乃生陰動乃生陽是徒知感後之體而不知性

在動静之先本有其體也

惟屈伸動静終始之能一也故所以妙萬物而謂之神通萬物而謂之道體萬物而謂之性

屈伸動静感也感者因與物相對而始生而萬物之静躁剛柔吉凶順逆皆太和絪緼之所固有以始於異而終於大同則感雖乘乎異而要協於一也是以神無不妙道無不通皆原於性之無不體在天者本肰而人能盡性體道以窮神亦惟不失其感之正爾

○至虛之實、實而不固、至靜之動、動而不窮、在天者和氣氤氳於太虛、充塞無間、中涵神妙、隨形賦生而不滯、在聖人無私而虛、虛以體理、無理不實、無欲而靜、靜以應感、無感不通、

實而不固、則一而散、天以之竝育不害、聖人以之與時偕行、

動而不窮、則往且來、天以之運行不息、聖人以之屈伸合一、是窮神盡性合天之道、惟在至虛之實、至靜之動而已、流俗

滯於物以爲實。逐於動而不反。異端虛則喪實。靜則廢動。皆違性而失其神也。

○性通極於無。氣其一物尓。

無謂氣未聚形未成。在天之神理。此所言氣謂成形以後形中之氣。足以有爲者也。此氣亦受之於天而神爲之御。理爲之宰。非氣之即爲性也。

命稟同於性。遇乃適然焉。

天命之以生。即命之以性。性善而無惡。命亦吉而無凶。若否泰利鈍。因乎時之所遇。天化之屈伸。不以一人而設遇之者吉凶殊尒人一巳百人十巳千肰有不至猶難語性可以言氣在氣則有愚明柔強之異而性不異故善學者存神而氣可變化若恃氣之清剛則終有所限行同報異猶難語命可以言遇比干之死孔孟之窮非天命之使肰所遇之時肰也故君子言知命立命而不言安命所安者遇也

爲命者不知命者也

謂有識之死受生循環遂厭苦求免可

謂知鬼乎、

鬼者歸也、歸於太虛之絪緼也。

以人生爲妄、可謂知人乎、

人者陰陽合德之神所聚、而相陰陽以協天地萬物之居者也。

天人一物、輒生取舍、可謂知天乎、

天之用在人、人之體無非天。天至虛而實、人實而含虛。聲色臭味、父子君臣、賓主賢愚、皆天理之所顯現而流行、非空之而別有天也。

孔孟所謂天，彼所謂道。

道一也，在天則爲天道，在人則有人道，人之所謂道，人道也。人道不違於天，肰强求同於天之虛靜，則必不可得，而終歸於無道。

惑者指游魂爲變爲輪迴，未之思也。

易言游魂爲變，謂魂返於天，唯天所變化，而非人之所能與。儒之駁者，惑於浮屠，謂死而魂不散，游於兩間，爲中陰身，復隨因而變四生之果，誣聖教以助邪說，愚矣。

大學當先知天德、知天德則知聖人知鬼神、天之所以爲天而化生萬物者太和也、陰陽也、聚散之神也、聖人體此者也、鬼神其聚散之幾也、今浮屠極論要歸、必謂死生轉流、非得道不免、謂之悟道可乎、（自注）悟則有義有命、均死生一天人、惟知晝夜通陰陽體之不二、死生流轉、無蕞然之形以限之、安得復即一人之神識、還爲一人、若屈伸乘時則天德之固然、必不能免、假令能免、亦復何爲、生而人、死而天、人盡人道而天、還天德、其以合於陰陽之正者一也、自其說熾傳中國，儒者未容窺聖學門牆，已爲引取，淪胥其間，指爲大道。繇其不窺聖學，乍於流俗利欲之中，聞清脫之說，意爲歆動，或遂譏聖學爲卑近，或詆聖學爲一致，皆所必然。其俗達之天下，致善惡知愚男女臧獲人人著信。天下豈有男女臧獲淫坊酒肆而可與語上之理？士君子不以爲辱，而指之爲大道，愚矣哉！使英才間氣，生則溺耳目恬習之事，長則師世儒宗

尚之言、遂冥然被驅、

如李習之趙閱道張子韶、皆英才也、彼其驅而陷於邪、惜哉、

因謂聖人可不修而至、大道可不學而知、故未識聖人心、已謂不必求其迹、未見君子志、已謂不必事其文、

近世王氏良知之說正若此、一以浮屠言語道斷心行路絕、迴脫根塵不立知見爲宗、

此人倫所以不察、庶物所以不明、治所以忽、德所以

亂興言滿耳。上無禮以防其僞。下無學以稽其弊。

王氏之學一傳而爲王畿。再傳而爲李贄。無忌憚之敎立而廉恥喪。盜賊興。皆惟怠於明倫察物而求逸獲。故君父可以不恤。名義可以不顧。陸子靜出而宋亡。其流禍一也。

自古詖淫邪遁之詞。翕然並興。一出於佛氏之門者。千五百年。自非獨立不懼。精一自信。有大過人之才。何以正立其間。與之較是非。計得失。

精者研幾。精求必求止於至善。惟精而後能一。

正蒙

○釋氏語實際，乃知道者所謂誠也，天德也。既謂之實際，則必實有之而爲事理之所自出，唯誠與天德可以當之。空則不實，莽蕩虛枵則無際。其語到實際，則以人生爲幻妄，有爲爲贅疣，以世界爲蔭濁，遂厭而不有，遺而弗存，就使得之，乃誠而惡明者也。

釋氏之實際，大率以耳目之窮疑其無有者也。生而與世相感，雖厭之安能離之，雖遺之安能使之無存。自欺而謂有得，信爲實而自謂誠，於人倫庶物不明矣則固僞而不誠矣安有誠而惡明者哉儒者則因明致誠因誠致明故天人合一致學而可以成聖得天而未始遺人易所謂不遺不流不過者也

誠者天之實理明者性之良能性之良能出於天之實理故交相致而明誠合一必於人倫庶物研幾精義力行以推致其極馴致於窮神則天下之理得而成位乎其中矣

彼語雖似是觀其發本要歸與吾儒二本殊歸矣

其發本也下愚猒苦求樂之情其要歸則求必不可得之眞空而已語似是者謂戒邪淫殺盜之類道一而已此是則彼非此非則彼是固不當同日而語

後世陸子靜王伯安必欲同之

其言流遁失守

始以白骨微塵爲觀不可行則轉曰事事無礙

窮大則淫

無量無邊憑空爲猖狂之語

曲行則詖
爲人之所不爲不爲人之所爲
致曲則邪
下而以金銀琉璃誘貪夫以地獄餓鬼怖懦夫以
因果誘布施不耕坐食
求之一卷之中此弊數數有之
欲自回互成其妄說故也
大率知晝夜陰陽則能一性命能知性命則能知聖
人知鬼神彼欲直語大虛不以晝夜陰陽累其心則

是未始見易、

西域愚陋之氏、本不足以知性命、中國之儒者、抑不能深研而體驗之、而淫於邪說、故聞太虛之名則以爲空無所有而已、明則謂之有、幽則謂之無、豈知錯綜往來易之神乎。

未始見易、則雖欲免陰陽晝夜之累、末由也已、彼欲免累者、怖死而已、故欲無生、陰陽晝夜本非累也。見爲累。安能免乎、

易且不見、又烏能更語眞際、

易感之神也眞際性之體也
揜眞際而談鬼神妄也
其言鬼神也無異於淫巫之陋
所謂實際彼徒能語之而已未始心解也
正蒙一編所以發實際之藏也
○易謂原始反終故知死生之說者謂原始而知生
則求其終而知死必矣此夫子所以直子路之問而
不隱也
始終非有無之謂也始者聚之始日增而生以盛

終者聚之終、數盈則日退而息於幽、非有則無以始、終而無、則亦不謂之終矣、所自始者即所自終、故夫子令子路原始以知終、非拒其問之不切而不告也、

○體不偏滯、乃可謂無方無體、偏滯於晝夜陰陽者、物也、

滯於有者、不知死、滯於無者不知生、流俗異端皆執物之滯於陰陽晝夜以爲有無、若道則兼體而無累也、

爲主於無聲無臭之中而不累於無流行於人倫庶物之繁而不累於有能明太虛之有實乃可知萬象之皆神

以其兼體故曰一陰一陽

言陰陽之均有也此以靜生陰動生陽言之

又曰陰陽不測

靜而生陰非無陽動而生陽非無陰

又曰一闔一闢

陰受陽施而闔陽施於陰而闢

又曰通乎晝夜、

闔闢陰陽雖迭相爲用而道貫其中晝夜一也、

語其推行故曰道、

在天爲推行之理在人則率之以行

語其不測故曰神、

道爲神所著之迹神乃道之妙也

語其生生故曰易、

不滯於一端而貫通乎終始故變易而皆以順乎大經易所著其錯綜化生之象

其實一物、指事異名尒、

道、函、神、而神、成、乎道、易、於此生焉、則以明大聚散死生、皆在道之中、而非滅盡無餘、幻妄又起、別有出離之道也、

○大率天之爲德、虛而善應、

吉凶無成心、故曰虛、

其應非思慮聰明可求、故謂之神、

理有其定、合則應、或求而不得、或不求而得、人見其不測、不知其有定、而謂之神、

老氏況諸谷以此、

老氏見其自然之應、而以谷之應聲比之、亦相似矣、而谷無聲之實、天有應之理、則非老氏所知也、

○太虛者、氣之體、

太虛之爲體、氣也、氣未成象、人見其虛充周無間者、皆氣也、

氣有陰陽、敬按此二句指陰陽合於太和之氣

此動靜之先、陰陽之本體也、

屈伸相感之無窮、故神之應也無窮、

氣有陰陽二殊故以異而相感其感者即其神也無所不感故神不息而應無窮

其散無數故神之應也無數

既感而成象漸以成形靈蠢大小流峙死生之散殊雖各肖其所生而各自爲體不可以數計而神皆行乎其間無數者不可紀之辭性情形象色聲臭味無相肖者人事之得失悔吝亦如之但此陰陽之變化屈伸無有乖越而欲分類自言之則終不可得邵子以數限之愚所未詳

雖無窮其實湛然、

非遂物而應之虛靜而含至理則自應

雖無數其實一而已、

無數者不出陰陽之二端、陰陽之合於太和者一也

陰陽之氣散則萬殊、人莫知其一也、

有形有象之後、執形執象之異、而不知其本一

合則混然人不見其殊也、

象未著、形未成、人但見太虛之同於一色而不知

其有陰陽自有無窮之應

形聚爲物、

神在形中、

形潰反原、

形散而氣不損

反原者、其遊魂爲變與、

游於太虛以聽天之變化、

所謂變者、對聚散存亡爲文、

聚而散、散而聚、故時存時亡、

非如螢雀之化、指前後身而爲說也、散而反原、無復有形之蕞然者以拘之、卽前身爲後身、釋氏之陋說也、

○益物必誠、如天之生物、日進日息、息、長也、誠者、如其應得之理而予之、不計功、不謀利、自見爲不容已、無所吝而不倦也、誠故於物無所矯強、而因材之篤不妄、此天之所以神也、至誠之教育而物自化、亦如之、惟誠斯感而神、

自益必誠、如川之方至、日增日得、

以實理爲學貞於一而通於萬則學問思辨皆道其原非少有得而自恃以止也自益益人皆唯盡其誠而非在聞見作爲之間此存神之所以百順也

施之妄學之不勤恃聰明聞見而不存神以體實理其教人必抑人從己其自爲學必矜妙悟而不求貫通怠於精義必成乎妄也欲自益且益人難矣哉

異端之藝學以之

易曰益長裕而不設信夫

設者非理所固有隨意所見立科範以求益於其中也小有所覺大有所迷妄而已矣惟求速獲而倦勤故也蓋誠原不息息則不誠張子之言天道聖學皆上達之旨而要歸於不妄而勤所以體自強不息之天德爲下學處心用力之實功示學者以企及至淺切矣

〇將修己必先厚重以自持厚重知學德乃進而不

亡之矣。

妄而不勤者，必輕佻而驕吝，誠之不存，神亦亡之矣。

忠信進德，惟尚友而急賢，欲勝己者親，無如改過之不吝。

過之戚也，戚於徇迹而妄動，徇物欲，徇意氣，皆妄感之迹也。改過不吝，反而求之於心之安，則賢者樂與之親，而氣不妄動，神乃可存，所學皆天德之實矣。靜專動直，氣正而不息，作聖之功，反求諸身心而已也。敔按：此章釋論語君子不重章之旨，爲下東銘所元本。

○戲言出於思也、戲動作於謀也、言動雖無大咎、而非理所應然任一時之適者、皆戲也。心無游泆之情、則戲言何自而生、不謀非所當為之事、則戲動何自而成、凝神正氣、則二者之失亡矣。敬按：此思字猶易朋從爾思之思

發乎聲、見乎四支、謂非己心、不明也、欲人無己疑、不能也、

見於身、則已動其心、加於人、則人見其妄、而謂偶然言動、無關得失乎、蘇子瞻之所以淫昵而召禍

也

過言非心也、過動非誠也、

非物理之應得、任聞見之小辨、以言動雖始非不善、而終成乎惡、謂之過、非心者非其初心、非誠者非心之實得、敬按心者自盡之心誠者實有之理忠信是也失於聲、繆迷其四體、謂已當然、自誣也、欲他人已從、誣人也、

始亦有意於善、而過則終成乎惡矣、不存誠精義以求至當、自恃其初心之近道、自誣則未有能強

人者也、王介甫之所以怙過而取之於天下也、

或者以出於心者歸咎爲己戲、失於思者自誣爲己誠、敢按出於實心者必不戲、夫于浮思者必不誠

謂爲戲無傷於人、義誣爲誠、謂可不怍於天人、自命爲君子、而成乎妄人、

不知戒其出汝者、歸咎其不出汝者、長傲且遂非、不知孰甚焉、敢按戒其出汝者謂戒其朋從之思、歸咎其不出汝者謂心不自盡歸咎于偶戲

謂已戲而人何疑之已甚、謂偶有過而人不相諒以信從、則怨天尤人、而不知下學之不立其基也、

事則無戲改則無過聯有存息有養何暇至於戲過豈有不知知豈有復行者乎合天存神之學切於身心者如此下學而作聖之功在矣盡己而化物之道存矣故正蒙以此終焉

正蒙下卷下終